EMDR革命：脳を刺激しトラウマを癒す奇跡の心理療法
―生きづらさや心身の苦悩からの解放―

著
タル・クロイトル

訳
市井雅哉

星 和 書 店

Seiwa Shoten Publishers

2-5 Kamitakaido 1-Chome
Suginamiku Tokyo 168-0074, Japan

THE EMDR REVOLUTION
Change Your Life One Memory at a Time
The Client's Guide

Tal Croitoru, M.S.W., M.B.A.

Translated from English
by
Masaya Ichii, M.A., C.C.P.

Copyright in all languages ⓒ 2014 by Tal Croitoru. All rights reserved
Japanese edition copyright ⓒ 2015 by Seiwa Shoten Publishers, Tokyo

はじめに

- ひょっとして，心になんだか嫌な気持ちがあるなぁと，もうずいぶん長い間思いつづけていませんか。もうだめだと思った出来事や，心が深く傷ついたトラウマ的な出来事の後に嫌な気持ちを感じ始め，それがなかなか自然に弱まって消えてくれない，なんてことはありませんか？
- もしかして，頭の中では何をしなければいけないかがわかっているのに，心につっかえるものがあって，どうしても自分の殻を破って前に踏み出せないでいることはありませんか？
- 自分でも気づいていて，まずいなと思っているのにやめられない行動パターンがあって，それがとうとうプライベートでも仕事でもあなたの足を引っ張るようになってきていませんか？
- 注目の的になるなんて考えただけでも縮み上がってしまって，嫌な気持ちや恐れや心配を感じないですむように人前で話す機会をことごとく避けており，プライベートでも仕事でもあなたの本当の力を発揮できずにとても損をしている，と感じていませんか？

そんなあなたに朗報です。そういった症状は，大丈夫，きっとよくなります。

もっとすばらしいニュースがないかって？　ありますとも。EMDR（眼球運動による脱感作と再処理法：Eye Movement Desensitization and Reprocessing）という新しい形の心理療法を使うと，症状をただ単によくできるだけでなく，素早くよくできるのです。今まではとても無理だと思われていたくらいに。

　たとえば，ご存じですか？

- 他の心理療法では何カ月，何年もかかってやっと効果が表れるケースでも，EMDRを使うと，ときには数週間で気持ちが楽になります。
- しかも，たった数回のEMDRセッションで効果が表れ始めるのを，たくさんの研究がしっかりと確かめています。
- 数百万人がEMDRの治療を受けて，実際に生きづらさから解放されています。

　『EMDR革命：脳を刺激しトラウマを癒す奇跡の心理療法』では，あなたが苦しくなってしまったり，心の中の何かに妨げられていると感じたりしたときにとても役に立つ治療法をご紹介します。

　患者さんたちの具体的な物語をたくさん収載しましたので，あなたがご自分について考えるときの参考にもなると思います。何があなたの心に影響しているのか，何が前に進もうと思う気持ちを高めてくれるか，何が壁になっているのか，きっとヒントが得られるでしょう。あなたは，もっと力を発揮しながらのびのびと人生を生きられるはずです。EMDRは，生きづ

らさの元になっている記憶をひとつずつ片づけていきます。そうしながら，あなたを癒し，本来のあなたらしい人生を生きられるようにします。

　「11歳のときに，両親が離婚しました。私にとってはとてもトラウマとなるつらい出来事で，そのときから古典的な心理療法に通って，日々の問題や幼いころから感じてきた苦しさを，なんとか乗り越えようとし続けました。26歳になるころにはもう長年のセラピー通いに疲れ切っていましたが，全体として幸せになれたとはいえず，とくに，それまでにどれほど時間とお金と努力を費やしてきたかを考えると，ほとんど役に立たなかったとさえ言えます。診察室で子どものころの記憶を語ってみても，それはこれまでにもう20回も考えてみた話だし，痛みは和らぐわけでもなく，あいかわらずでした。どれほど泣いたでしょう。セラピストの前でも，友達の前でも，家族の前でも。それなのに，私の心の痛みやトラウマはちっとも楽になりませんでした。

　EMDRを試したのは，そんなときでした。私は必死に助けを求めていましたが，それでも，次がだめならもうあきらめようと思っていました。今度こそ効き目があって，何年もかからない方法を探しました。私は1回目のセッションに行く前から心に決めていました，時間がかからないで効果が出るものじゃないとだめ——なにしろ，もう15年もセラピーに時間を使ってきたのですもの。これ以上膨大な時間をかけるわけにはいかないわ。

　すると驚きました，EMDRがこんなに実り多いなんて！

これは集中力が必要でしたが，ほとんどすぐに効果を感じ始めました。だから，密度の濃いセラピーを楽しみにするようになったのも当然でした。途中でとても苦しい瞬間があるのはわかっていました。でも，その後では痛みが引いて，癒されるのです。

　生まれて初めてセラピーの効果を心から感じて，私はこれまでの人生の大半で抱え続けてきたトラウマをついに乗り越えたのです。話そうと思えば，子どものころについて話せます。今なら，話しても，記憶にいつも伴っていたあの，ありありとした現実のような痛みはもうよみがえってきません。それから，自分自身とも家族とも気持ちが通じ合うようになりました。というのも，トラウマに苦しんでいたころには打ち解ける妨げになっていた痛みや恐れの気持ちを，とうとう手放すことができたからです」

謝　辞

　真っ先に，フランシーン・シャピロ博士に感謝申し上げます。シャピロ博士の好奇心と勇気のおかげで，今では世界中で数百万人の人生が変わりました。もちろん，私と私の患者さんたちも含まれます。シャピロ博士が成し遂げたようなことをできる人は，そうそういません。シャピロ博士のような人たちのおかげで，世界はよりよい場所になってきました。

　『フランス式「うつ」「ストレス」完全撃退法』（アーティストハウスパブリッシャーズ，2003）を書いたダヴィド・セルヴァン・シュレベール博士がいらっしゃらなければ，私も EMDR と出会わなかったでしょう。セルヴァン・シュレベール博士が他界されて世界は大きなものを失いましたが，せめて，博士がご存命のうちにお礼を申し上げられたことだけは何よりの喜びです。

　「EMDR イスラエル」は，私の母国でセラピストやコンサルタントに EMDR のトレーニングをする非政府組織です。私が EMDR を学んでライフワークにしていくに当たっては，リーダーシップも含めてさまざまな面で助けていただきました。「EMDR イスラエル」があるからこそ，イスラエルは，EMDR を使った治療をどんどん実践して新しい手順を開発する面で世界をリードする国のひとつになっています。

　EMDR 国際協会（EMDRIA）と世界各地にいる数千人のセ

ラピスト会員たちにもお礼申し上げます。皆さんの活発な議論からは，誰もがお互いに絶えず何かを学んできました。また，各国のEMDR有資格者で組織するEMDR人道支援プログラム（www.emdrhap.org）の活動は，たとえ状況がどれほど過酷でも，EMDRが必ず何かしら大きな助けを差し伸べられる点をいつでも思い出させてくれます。

　私のクリニックへ来てくださる患者さんたちと，スタッフとして治療に当たってくれるセラピストたちにも感謝申し上げます。皆さんのおかげで，もっと大勢の人の人生を変える活動に参加できました。皆さん全員の一人ひとりにお礼申し上げます。

　家族と友人たちにも，ありがとう。この本を執筆している間も，日々の生活でも，おおらかに支えつづけてくれました。最後に，Oren Ben Ami, David と Hanna Croitoru, Jacob Lubinsky, Ofer Beith Halachmi, Orly Traubichi, Gili と Lior Kama に感謝申し上げます。常識やそれまでの流れとは少し違う目標をもって頑張る人の後ろには，その人を支えて，目標を実現するのを助ける大勢の人たちが必ずいます。幸せなことに，私にも，後ろから支えてくれる皆さんがいました。

目 次

はじめに …………………………………………………… iii
謝　辞 …………………………………………………… vii

序章　ええっ，なんで今まで
　　　知らなかったんだろう！ …………………… 1

第1章　EMDRって何？　今までの治療とどこが
　　　　ちがうの？ ……………………………………… 13
　EMDRってどんな人の役に立つの？　20
　EMDRって何歳くらいの人向き？　22
　まとめ——EMDRってどんなときに役立つの？　22
　EMDRって，どうしてそんなにいろんな種類の
　　症状を治療できるの？　23

第2章　EMDRの治療って，何をするの？ ………… 33
　治療はどんな流れなの？　47
　悪さをしている記憶はどこからくるの？　52

副作用はないの？　55
　　EMDRへの期待は大きい？　56

第3章　過去から自由になろう——患者さんたちとEMDRの物語 …………………………………… 63
　　本当の問題はどれ？　63
　　別れだってトラウマになる　68
　　積り積もってしまった記憶——養分を与える記憶　73
　　袋小路　81
　　目標が低すぎる！　86
　　気づいても，処理しなきゃだめ　88
　　不幸にも結びついてしまった記憶と感情　93
　　部分的解決か本物の解決か　94
　　産後うつになってしまった　97
　　運転が怖い，飛行機が怖い，怖い，怖い　100
　　うまくできなかったらどうしよう　107
　　その癲癇をどうにかしてちょうだい　109
　　非日常的な出来事へのトラウマ的な反応　111
　　治療の効果がない？　113

第4章　人生を広げよう——患者さんたちと EMDR の物語　その2 …………………… 123

心の妨げをとりのぞこう　123

先延ばししない　131

本来の力を発揮する　135

鎖を切って羽ばたこう　141

第5章　たとえば人前で話すときに頭が真っ白にならないようにするための EMDR ………… 143

不安なときには身体の中で何が起きているの？　148

本番であがって話せなくなってしまったら　151

人前で話すときにあがらないための治療——昔と今　152

第6章　EMDR 外典 ……………………………………… 157

すんなり受け入れてもらえない EMDR　157

セラピストたる者として　160

EMDR を開発したフランシーン・シャピロ博士——
　気づきが科学を推し進める　166

付　録

　A　セラピーをいつ受けたらいい？　何を期待できる？　169
　B　よくある損な7つの思い込み　173
　C　自分に合った心理療法を選ぼう　181
　D　こんなEMDRセラピストを選ぼう　185
　E　万一の救急事態になってしまったら　189
　F　あなたが今受けているセラピーは効果があるか？　195
　G　よくある肯定的な信念と否定的な信念　198

おわりに …………………………………………………… 200
訳者あとがき ……………………………………………… 201
著者略歴 …………………………………………………… 203
訳者略歴 …………………………………………………… 204

序章

ええっ，なんで今まで知らなかったんだろう！

　その昔，つまり私がEMDR（眼球運動による脱感作と再処理法：Eye Movement Desensitization and Reprocessing）に出会う以前，私は個人開業のソーシャルワーカーをしていて，人生の危機や精神的苦痛といった問題を抱えて訪れる患者さんたちの相談を受けていました。まずまずの仕事ぶりじゃないかな，と自分では思っていました。なぜなら，患者さんたちはそれなりに喜んでくれ，人生が変わったと話してくれましたし，他の患者さんも紹介してくれました。セラピストとしてそれ以上何を望むというのでしょう。

　あるとき，トラウマとなるつらい出来事の後に，とても深刻な状態となった若い女性がやってきました。彼女はその体験にあまりにも圧倒されて苦しんでいたので，私は，抗うつ薬と抗不安薬を処方してもらうために精神科医のところへ行ってはどうか，と提案しました。彼女のような患者さんにセラピーをした経験はこれまでにもありましたが，皆，薬物療法も同時に受けていたからです。ところが，彼女は，宗教的な理由があって精神科の治療を受けると将来結婚するためのお見合いをする際

に悪影響があると考えていました。まあ、ともかく、提案はにべもなく却下されました。

　ちょうどそのころ、私は自分よりも経験豊富なセラピストに指導を受けていたので、その先輩セラピストに相談しました。先輩は自身の豊かな経験に基づいてアドバイスをくれました、「それなら彼女のつらさに寄り添ってあげなさい」。私は思いました——ちょっと、違うんじゃないかな。私が患者さんだったら、つらいときにただ寄り添ってもらうだけでは嫌です。背中が痛くて受診したときに、医師がただ痛みをわかって寄り添ってくれるだけでは困るのと同じ。セラピストなら、もっと積極的な何かをしなければ。

　こうして、何か新しいアイディアがないかを自分で探すことにしました。あれこれ模索していたある日、書店で偶然見つけたのが、『フランス式「うつ」「ストレス」完全撃退法』（アーティストハウスパブリッシャーズ、2003）（英題：The Instinct to Heal: Curing Depression, Anxiety and Stress without Drugs and Talk Therapy）という本でした。著者はフランス人で精神科医のダヴィド・セルヴァン・シュレベールという方でした。本の英名の「薬物療法も対話療法も使わない」の部分を見て、私はすぐに魅力を感じました。対話療法を存分に活用するのは「フロイト派」ですが、私はもともとフロイト派の治療方法にはあまり思い入れがありませんでした。それに、「薬物療法を使わない」の部分は、私の患者さんの希望どおりです！　私は大急ぎでその本を購入して、さっそく読みはじめました。本では、2つの章を割いてEMDRについて説明していました。ん？　EMDR？　眼球運動による脱感作と

再処理法……初耳です。そんな名前の治療法は，大学で教わりませんでした。精神科病棟とメンタルヘルスクリニックで受けたトレーニングのどの段階でも聞いたことがありません。それなのに，紹介されている内容があまりにも不思議で見事で，腰が抜けるように思いました。

　セルヴァン・シュレベール博士は本の中で書いています。博士自身も初めて EMDR を知ったときにはすぐには信じられなかった。でも，たくさんの研究を読むうちに効果を信じるようになった。そして，EMDR の効果を信じる根拠となった研究を紹介しています。臨床心理の分野で特に審査も厳しい権威ある学術誌に発表された研究で，トラウマを負った 80 人の患者さんに対して，EMDR を使った 90 分のセッションが 3 回行われました。この患者さんたちの 80％で，心的外傷後ストレス障害（Post Traumatic Stress Disorder：PTSD）の症状が消えました。

　セッションを 3 回！　たった 3 回ですよ！

　いったいどうやってたった 3 回で，普通なら 3 年分になるはずのセッションをこなせたというのでしょう？　PTSD は慢性化して長引くはずの症状ではなかったかしら？　私はそう教わりましたし，これまでに研修を積んできたメンタルヘルスクリニックでも実際にそんな患者さんたちを診てきました。PTSD に苦しむ患者さんたちは，治療を続けて 6 年，7 年，ときには 10 年と経ってなお，あまり効果を感じられずにいました。なのに，10 年かけてできなかったことを，どうしてたった 3 回のセッションで変えられるの？！

　セルヴァン・シュレベール博士は続けます。EMDR のセッ

ションを終えても症状が消えたままになるのかどうかを調べるために，研究に参加してくれた患者さんたちに1年3カ月後，もう一度インタビューしたところ，症状が消えたままだっただけでなく，さらに状態がよくなっていたことがわかりました。セルヴァン・シュレベール博士自身はもともと精神分析を専門としていたにもかかわらず，こうした研究結果を読んで，自分もぜひEMDRを使って治療できるようになろうと思ったそうです。実際にEMDRを使ってみて，患者さんたちの人生が目の前で変わるのを何度も目にして，これはもう無視できないと結論したそうです。

　私はもういてもたってもいられませんでした。もっと詳しく調べなければ。EMDRって何？　何が起きているの？　私がこれまでに習ってきた知識から考えれば，あまりにも話がうますぎて，とても本当とは思えません。でも，そのとき気がついたのです——もしかしたら，この新発見がおかしいのではなくて，私がこれまでに教わってきた内容のほうが問題かもしれない。私はもっと情報がないかを急いで探して，コンゴ民主共和国の女性たちを治療するための人道支援団体に参加したイスラエルの心理学者の講演会を聴きに行きました。支援対象だったコンゴの女性たちは，内戦で対立する部族の戦士たちにレイプされました。身体を傷つけられ，損なわれた彼女たちを，家族も出身部族も遠ざけました。

　支援団体の活動は数週間に及び，心理学者は，女性たちにEMDR治療を行う前後にデータを集め，データベースとビデオを持ち帰ったのでした。

　私は独り言しながら講演会場を後にしました。「なんてこ

と。あれほど厳しい状態におかれたコンゴ女性たちをそんなに早く助けられるのなら，私も EMDR 治療ができるようにならなければ。私の患者さんたちの状態はもっとずっとよいのだから，EMDR の効き目もずっと早く表れるはず」

　こうして，EMDR について勉強し始めて，ますますいろいろと知るようになりました。それ以来，EMDR は私のライフワークになりました。EMDR を使って治療すると効果があることを示す研究に山ほど参加してきました。使えば使うほど，EMDR の好ましい効果を実際に目にしました。まず私の個人開業のクリニックで，それからイスラエル中にあるたくさんのクリニックでも。

　私のクリニックを訪れてくれる患者さんはどんどん増えました。はじめのころ，私のクリニックは従来の心理療法では効果がなかったセラピー難民の「駆け込み寺」になっていました。彼らは心理療法をすでに 3 年，6 年，7 年と受けたのに効果が全く，あるいはほとんどなく，あきらめてしまった人たちでした。こうした患者さんに EMDR を使ったセラピーをすると，大抵数回のセッションで状態がよくなり始め，皆さんは数週間から数カ月で満足しながら治療を終えられました。

　思ったとおりです。生命にも関わりかねないトラウマ的な出来事の経験に素早く効いた治療法は，それほど深刻ではない出来事の経験にも同じように素早く効きました。

　それから，生命をおびやかすほどではなくても，離婚や解雇を経験するだけでトラウマの症状は出るかもしれない，生命の危険を感じる出来事と変わらないか，それよりも強い症状が出

ることもあり得る，と示す研究もありました。そこで，アメリカやヨーロッパで20年以上もEMDRを使ってきたセラピスト仲間たちを見習って，私も，PTSD（Post Traumatic Stress Disorder：心的外傷後ストレス障害）に限らずに，不安や，何かに妨げられている感じといった症状まで幅を広げて，セラピーの中でEMDRを使い始めました。たとえば，離婚した，浮気された（した），突然失業したなど，いわゆる人生の危機的経験に対してEMDRを使いました。仕事でもっと力を発揮するためや，試験のときの不安を乗り越えるためにも使いました。さらには，スポーツ競技でより高得点を取れるようにするため，演奏家がステージでもっと上手に演奏できるようにするためにもEMDRを使ってみました。第4章では，EMDRがどのように機能するのかをご紹介します。読んでいただくと，舞台に立つのが怖くてたまらない演奏家と，妻の浮気の証拠を捕まえてしまった夫とには実は共通点があって，それぞれが抱える苦しさを同じ方法で和らげられるのがおわかりになるでしょう。

　患者さんの中には，セラピーを受けるきっかけになった問題が消えてからも，人生で感じている他の問題に取り組むために通い続けてくれる人たちがいます。大抵，ほんの数週間セラピーを追加するだけで，つらい問題をもうひとつ解消できました。なかには，セラピーを受けて人生が好ましい方向へ180度変わった人たちもいます。そうした患者さんの場合，まず，来院するきっかけとなった深刻な問題をベストな方法で解消したら，仕事面で力をどんどん発揮できるようになりました。次に，人間としての総合的な力を引き出せるようになり，ときに

はスポーツ能力や演奏能力さえ高まる場合もありました。もっと最近になって，イスラエル外務省と一緒に仕事をする機会があった際には，トラウマを負うほどの出来事を外国で経験した外交スタッフや家族たちがイスラエル国内の私のもとへ紹介されてきました。そうした患者さんたちも PTSD の症状から解放され，2〜3週間で元の暮らしに戻っていきました。本当に，EMDR は見事です！

　セラピスト仲間は世界のあちこちに大勢おり，もちろんイスラエルにもいましたが，どこで誰と話をしても，EMDR を使うとはっきりした効果がすぐに表れると何度も耳にしました。なかには保険会社から治療費用が支払われるのが 10 セッション分，さらにはたった 4 セッション分というケースもありましたが，それでも，その短い回数で驚くほど症状がよくなったのです。他の治療法では何年続けてもそこまでよくならなかったのに。

　「どうして今まで EMDR について聞いたことがなかったのでしょう？」。これは最もよく受ける質問ですが，そう尋ねるときの患者さんの気持ちを思うたびに胸が痛みます。たとえば，15 年間セラピーに通い続けた患者さんは，たくさんの治療法を試して大勢のセラピストと出会ったけれども大した効果を得られなかった末に，そう尋ねました。別の患者さんは，彼女自身もセラピストでしたが，EMDR をたった 4 回受けて効果が表れると，この何年もの間，自分は自分の担当患者さんたちのためにいったい何をしていたのだろうか，と考え込んでしまいました。他にも，つらさをただ引きずったまま，ずっと治療を求めなかった人たちがいます。心理療法を何年も受け続け

るために時間もお金もかけたくなかったし，そもそも，1週間に1時間も話すことのできない見ず知らずの人が，どのようにして自分の状況をよくできるというのでしょうか（全くそのとおりだと思います。セラピーについて私の思うところは，第6章で詳しくお伝えします）。

ほとんどの人がEMDRについて聞いたことがないのは，この治療法が開発されたのが比較的最近の1980年代後半（正確には1987年）で，新しい心理療法が一般に知られるようになるまでには何年もかかるものだからです。

アメリカでは，1995年のオクラホマシティ連邦政府ビル爆破事件，1999年のコロンバイン高校銃乱射事件，2001年の9・11同時多発テロ事件の後にEMDRが使われました。また西洋でも東洋でも，ハリケーンや津波などの自然災害の被災者の治療で使われています。それだけではありません。EMDRが使われる分野はどんどん広がっていて，今では薬物乱用の問題にも使われるようになりました。変わり種では，1990年代にはすでに，試験のときに不安になってしまって実力を発揮できない症状に効くとか，スポーツ競技の成績を上げる，などといった話も報告されていました。

病院や公的なメンタルヘルスクリニックなどといった公共部門では，EMDRは，もともとそれが開発されていたころの治療目標どおりに，今でもPTSDに対して使われています。

私のクリニックを訪れてくださる患者さんが毎年増え続ける中で，私はもっと大きなビジョンを掲げて進み始めるべきときがきた，と感じました。心理療法の行い方を，まずは自分の国

から変えはじめて，さらに世界にも広げていこう。そして，EMDRについて，専門家以外の皆さんにも広く伝えよう。何年も前から効果が知られてきた治療法ですもの。しかも，扱える苦しみや危機の範囲はとても広く，生活の中で足を引っ張る類の行動パターンから，心にある何かの妨げを取りのぞいて本来の力を思い切り発揮できるようにするところまで治療することができます。

　私は2011年に，より大きく貢献するための一歩目を踏み出しました。まずわが国イスラエルに，EMDRを行うクリニックの全国ネットワークをつくったのです。

　この本を書いたのは，貢献の二歩目です。EMDRについてぜひ知っていただきたい内容を皆さんにお伝えして，心理療法についてありがちな間違った思い込みを崩すのです。

　この本では，実際の患者さんの例をたくさんご紹介しています。プライバシーと個人情報を守るために細かく変えた部分がいくらかあります。でも，その他は，治療にかかった時間も含めて事実のとおりです。

　この本を読んで何かお感じになりましたら，ぜひ tal@emdrexperts.com 宛てにご一報ください。

　　「あれは，私の人生でも特に大変な時期でした。私は新米ママで，赤ちゃんを抱っこできる日々は幸せで楽しいだろうとずっと想像していたのに，実際に息子が生まれてみると，予想とは全然違って，小さな息子に対してイライラしてばかり。いつも怒っていて，大声で叫んでいたし，我慢ができませんでした。しょっちゅう泣いて，日常生活そのものが立ち

はだかる山のように思えました。何ひとつ乗り越えられそうもありませんでした。夫と向き合うエネルギーさえなくて，当たり散らし，文句を言って，泣きながら怒りをぶつけることを繰り返しました。そんな状態に輪をかけて，心の中には，さいなむような罪の意識がありました。特に，こんな悪い母親のもとに生まれてきてしまったわが子に申し訳ないという思いです。平静をかろうじてよそおえたのは，職場だけです。でも，それにしても，すごくエネルギーが必要で，疲れ果てました。

　タル（著者）との1回目のセッションでは，自分の物語を語っただけでした。セラピールームに入ったときには疲れてげんなりしていて，なんでこんなことをする必要があるのだろう，と自分に尋ねていました。次のセッションで，EMDRをしました。すると，2回目のセッションにしてすでに，大切な何かがわかり始めたような気がしました。セッションが終わってから，自分に問い続けました——こうした理解の深まりを，本当に信じているのかしら？　この変化は本物で，私の内側から来ているのかしら？　答えは，いつも「はい」でした。

　家にいるときにもEMDRの影響に気がつきはじめました。少しずつですが我慢ができるようになって，息子と一緒にいる時間を楽しめるようになって，自信もだいぶついてきました。3回目のセッションでは，EMDRの続きをしました。このたった1回のセッションの中でたくさんの記憶や出来事に取り組めて，終わったときには，なんだか本当の自分に戻った気がしました。

まず，罪の意識が消えていました。それから，10kg 分の苦難をどこか脇道に捨ててきたような感じがしました。生きている実感が以前よりもあって，息子が笑っても，夫が抱きしめてくれても，生活の中のそうした素朴な出来事に喜びをまた感じられるようになりました。夫でさえ何かが変わったと気がついて，やっと妻が戻ってきてくれたと感じていました。何よりも，母として，妻として，何をしていても，もういびつな感じがしなくて，ありのままの私で大丈夫と思えるようになりました。

　3回目のセッションが終わると休暇シーズンで，いったんセッションは中断になりました。でも，目標を達成できたのが自分でもうわかっていたので，休暇明けに4回目のセッションを受けるときには，私の人生を変えて，私をもう一度私自身に戻してくれたタルにお礼を言うだけだと知っていました。

　たったあれだけのセッションがどのようにしてこんなに深く人生を変えられるのかは，なかなか言葉で説明できません。嘘のように聞こえるかもしれませんが，でも驚いたことに，私は確かにこうしてあのときのつらさから解放されて生きています。あなたが苦しんでいるのでしたら，EMDRを使った治療をしてみてください。私自身もセラピストです。だから，EMDRを学んで，自分で直接皆さんにお伝えできるようになる日が待ちきれません」

第1章

EMDRって何？
今までの治療とどこがちがうの？

　EMDR は Eye Movement Desensitization and Reprocessing の頭文字を取って略した言葉で，日本語では「眼球運動による脱感作と再処理法」と呼ばれます。

　ちょっと専門的な言葉になってしまいますが，**脱感作**は，トラウマ的な出来事を思い出しているときに感じる苦痛の強さを弱めることです。

　再処理は，トラウマ的な出来事が起きていたときに何らかの事情があってうまく処理されずに，そのままになってしまっていた記憶を，改めて脳の中でしっかり処理することです。

　眼球運動は，記憶を処理するときに脳の右半球と左半球が必ずどちらも活発にかかわるように引っぱり込んでくるためにもともと使われていた方法です（EMDR がどのように機能するのかは第2章でご説明します）。今では，目を左右に動かす眼球運動の他にも，イヤホンを通して両方の耳に交互に音を聞かせる，パルサーという道具を使って両手に交互に振動を伝えるなど，いろいろな方法があります。

　EMDR は，1987 年に心理学者のフランシーン・シャピロ博

士が開発しました。

　先にもちらっと書きましたが，EMDR は，はじめはトラウマからくる強いストレス症状の治療に使われました。ベトナム戦争の記憶に苦しむアメリカ兵たちの治療で使われ，その後，他の状況で起きたトラウマの治療にも使われました。トラウマの治療に資金を出すのは大抵が政府や保険会社で，彼らは効果が確実に示された治療法にしか費用を支払いたがらないため，EMDR も心理療法として徹底的に研究されました。その結果，たくさんの研究で，EMDR がたった数回のセッションでも効果を表すと示されました。つまり EMDR は，とても難しいケースで何度も効果が確認され，実績を積んでから初めて，それほど難しくない状況にも拡張されて使われるようになったのです。

　そう，EMDR はどこから見てもれっきとした心理学的な手法なのです。メンタルヘルスの治療法全般についてのトレーニングを受けて（そのためには最低でも大学の修士課程を学んでいなければならないでしょう），その上でさらに EMDR を実際に使うためのトレーニングを受けた人でないと治療できません。アメリカ心理学会やアメリカ精神医学会などの代表的な学会も，EMDR を治療法として正式に認めているのです。

　しかし，EMDR はこれまでの心理療法とはやはり違うところがあります。

　まず，これまでの方法とくらべて，大抵のケースでより効果的です。結果がよいか，同じ結果でもずっと短い時間で達成できます。これほどずばぬけて短い時間でこんなによい結果が得られる治療法は，心理療法の歴史では聞いたことがありません。

次に,「何を問題と考えるか」「治療できそうかどうかの判断の仕方」「治療のときに何に注目するか」、これらが、これまでのどの治療法とも異なります。EMDRでは、否定的な信念だとか、感情面での苦しさとか、「発展的でない内面の物語（自己啓発の分野で「パラダイム」と呼ばれるもの）」などが問題そのものとは考えません。そうしたものは症状にすぎず、それを生む元となっている経験があるはずです。経験はたったひとつとは限らず、過去のある時期にかなり続いた人生経験かもしれません。いずれにしても、経験が起きていたころに脳がタイムリーに処理しそびれた記憶があるはずです。EMDRでは、そうした未処理になってしまった記憶こそが問題だと考えます。

　人生をそれなりの年数生きてくれば、何かの出来事を受け止めきれなかったという経験もあるでしょう。そうなってしまったのは、おそらく、それが起きたときに心も身体もまだ十分に成熟していなかったからか、成熟していても絶好調ではなかったからか、出来事そのものがあまりにも過酷だったからのどれかでしょう。いかなる事情だったとしても、脳は、その出来事の経験を扱いきれずに、記憶を当時の時間の中できちんと処理できませんでした。すると、出来事にまつわる印象、つまりそのときに浮かんでいた考え、気持ち、身体の中にあった感覚、目に映った景色、感じた匂いなどが、記憶としての本来の処理をされないまま、心の中で過去の出来事にならず、生々しい形で取り残されてしまっているのです。

　そこへ何か新しい出来事が起きて、かつてのトラウマ的な出来事が連想されると、それをきっかけにして未処理の記憶の内

容が呼び出されます。その内容は当時経験したときのままですので，当時の考え，気持ち，感情が心に生々しくよみがえってきます。患者さんからすると，現在の時間の中で，過去の出来事を，まるで今まさに目の前で起きているかのようにありありと再体験することになります。

　EMDRでは，患者さんが現在苦しんでいるのなら，苦しみのもとになっている未処理のトラウマ的な記憶がないかどうかを探します。ちなみにEMDRでは，このつながりは素早く理解でき，通常は1～3回ほどのセッションで大丈夫です。もとになっている記憶を突きとめたら，止まってしまっていた記憶の処理プロセスを改めて開始します。

　出来事の記憶がひとたびきちんと「再処理」されて心の中で過去のものになってしまえば，また何かを経験しても，その新しい出来事が過去に感じた同じ気持ちを引き出すきっかけにはなりません。現在の行動は，ちゃんと現在の出来事に対するふるまいになり，生々しいけれども過去のものでしかない記憶への反応ではなくなります。問題の記憶がしっかり再処理されてしまえば，否定的な信念や，心にあるマイナスの感情とそこから生まれてくるマイナスの気持ちなどの症状は消えるのです。これがEMDRを使ったセラピーの大前提です。EMDRを使った治療では，心の状態がどんどん理解できるようになり，道筋が見えてきて，思いがけない展開もたくさんあります。でも，他のほとんどの心理療法と違う点として，セラピーのスタイル上，こうしたひらめきを**患者さんが自分自身で引き出していきます**。しかも，時間がほとんどかかりません。

　EMDRでは問題に対処するための道具を提供するのではなく

て問題そのものを取りのぞいてしまう，といえるでしょう。問題がなくなれば，症状も消えます。次のように考えるとイメージしやすいかもしれません：

　ある人が，川に沿って歩いていました。ふと見ると，川の中でおぼれそうになっている人たちがいます。そこで，その人は手を差し伸べて，おぼれている人たちを水から引き上げはじめました。そうしてたくさんの人を助け続けてから，あるとき，その人は立ち上がって歩き出しました。誰かが尋ねます，「どこへ行くのですか？　これだけのおぼれている人たちを，誰が助けるのですか？」。その人は答えます，「この人たちを橋の上から川に放り込んでいるのが誰なのかを見つけに行きます」。

　心理療法の中には，基本的な考え方として，苦しい反応と，そうした反応を引き出すきっかけへの気づきを深めようとするものがあります。時間はかかるのですが，たしかに患者さんは，解決しなければいけない問題がある（「川の中でおぼれそうになっている人」がいる）だけでなくて，その元になっている過去の出来事がある（「その人たちを橋の上から川に放り込んでいる誰か」がいる）ことにもやがて気がつきます。
　また，苦しみの元にはそれほど注目しないで，反応のほうを変えようとする治療法もあります。そうした治療法では，今感じている苦しさや妨げにもっと上手に対処できるようになろう（川の中にいる人たちをもっと上手に助けられるようになろう），問題にもっと早く気がつけるようになろう（人がおぼれそうになっているのにもっと早く気がつけるようになろう）と

します。そうした方法は，泳ぎの腕をさらに磨いて，おぼれている人をなるべく早く水から引っ張り出して水中にいる時間を短くしようとするものです。早く上手に苦しい状態から抜けられるように，患者さんに，苦しくなったときに使うための道具を渡しているようなものです。たとえば，試験の場面で不安でたまらなくなる症状に苦しんでいる患者さんでしたら，不安になってしまったときに使うためのリラックス法や，不安になる思考に負けないための方法を練習するでしょう。

そうした治療法とはちがって，EMDRでは，大元の刺激を変えてしまおうと考えます。そうしておけば，たとえ何かの事情で条件がそろっても，マイナスの感情がそもそも発生しないはずです。道具は提供しませんが，人々を橋の上から川に放り込んでいる「ならず者」を追っ払うのです。セラピーでは，注意を集中するスピード感のある効率的な方法を使って，過去の出来事の記憶の影響力を弱めて，当時の苦しい気持ちなどの症状が現在の中で生々しくよみがえってこないようにします。

何かをしようとしたときに極端に不安になってしまって本来の力を出しきれない，というわりとよくある不安のパターンについて，治療法によって扱い方がどのように違うかをみてみましょう。テスト不安と呼ばれる症状を例にします。

テスト不安は，狭い意味では，生徒が学校などで教育者から口頭または筆記でテストされるときに感じる不安といえます。でも，枠を広げてみれば，不安を感じるかもしれない状況はたくさんあって，就職活動のときの面接，何かの審査，聴衆に向けてするプレゼンテーション，あるいはセックスの場面さえ考

えられます。だから，学生時代をなんとか切り抜けて，そんな不安も過去のものと思ってほっとした人でも，実際にはそうではなかったと知るようになりがちです。

　これまでの治療法では，セラピストは，患者さんと協力しながら，「なぜ」そんなに不安なのかを見つけようとします。過去に注目して，両親がプレッシャーをかけたこと，また「よい結果を出した」かどうかで自尊心が左右されるようになったこと，などを患者さん自身が理解できるように導きます。こうして探っていくと，いずれは「なぜ」不安なのかに患者さん自身が気づくようになります。でも，残念ながら，ただ気づいても，それだけでは不安は消えません。

　バイオフィードバックと呼ばれる治療法では，患者さんは心拍数や呼吸といった身体の反応を観察する方法を教えられて，不安が高まりそうなことに気がついたら，呼吸法などを使って静めます。

　認知行動療法では，「よい結果を出さなければならない」という考えは「歪んでいる」から，反論するようにと教えられます。不安になるたびに別な考え方を探しなさい，と言われます。そうしていればいずれ不安は薄れるはずだ，というのが前提です。また同時に，患者さんは，テストに似た状況に何回も身をおいて，練習をしなければいけません。

　EMDRを使った治療法では，ポイントとなる「出来事の記憶」を探します。ありありとした不安な感じを発生させている源で，テストの場面と不安な気持ちを結びつける張本人ともいえる記憶です。見つけたら，再処理します。なぜ不安になるのかに関連した出来事の記憶をしっかり処理してしまえば，今後

はテストを受ける場面があっても，不安を感じなくなるのです。ということは，EMDRを使った治療法では，先の2つの方法と違って，テスト場面で不安が高まったらどうするかは教えません。また，認知行動療法のように練習を宿題として持ち帰りもしません。EMDRでは，セラピーのときに短い時間で集中的に記憶の処理をしてしまうだけで，テスト場面の不安から解放されるのです。

　EMDRを使った治療の特徴を上手にとらえて話してくれた患者さんがいます。20代後半の彼女は，それまですでになんと15年ちかくも（！）他の治療法を続けてきたけれども，結局ほとんど何も変わりませんでした。従来からある精神力動的精神療法や認知療法などを使って15年かけても得られなかった効果が，EMDRを使うとたった数カ月で得られたのです。私たちのセッションも終わりに近づいたころに，彼女は言いました，「これまでは，私に何かが起きて，その原因が過去にあるとセラピストが話したときには，気分がますます落ち込みました。過去をどうしようというのでしょう。タイムマシンがあるわけじゃあるまいし。でも，今では，何かが気になって，その原因が過去にあるとわかるたびに，すごくほっとします。だって，次のEMDRのときに話せば，もう気にならなくなるとわかっているのですもの」。

EMDRってどんな人の役に立つの？

　EMDRは，もともとはいわゆるPTSDに苦しむ人を治療するために開発されました。最初に治療の対象になったのは，ベ

トナム戦争に従軍して戻ってきた兵士たちと，性暴力の犠牲者たちでした。EMDRを使った治療の結果は，従来から行われてきた治療法の結果とはかなり違いました。それまで何年，何十年と苦しんできた人たちの中には従来のセラピーを受けてもちっとも効果がなかった人たちもいましたが，そうした患者さんがEMDRを使った治療を受けると，たった数回のセッションでPTSDの症状に苦しまなくなったのです。それ以前は，PTSDは慢性化して長引くものとして考えられていました。

PTSDで治療効果が繰り返し確認されてから，EMDRは大きく3つの方向にも拡大して使われるようになりました。

1つ目は，**PTSDほど深刻ではないけれども何かの苦しい状態になってしまっている人たち**。たとえば強い不安，抑うつ気分，恐怖症，離婚などの人生の危機，人となかなか打ち解けられない，自尊心が低い，などに苦しむ人たちです。

2つ目は，**さまざまな領域で力をもっと発揮したいと思う人たち**。EMDRを使うといろんな分野で個人の力をもっと引き出せるとわかってきました。学業の面では，成績が伸びます。テスト不安の治療はこれに含まれます。またスポーツ選手なら，競技前の不安やケガから回復するときに使うと効果的です。演奏家や俳優などが技能を発揮しようとするときにも効果的です。ビジネスマンなら，仕事で窮地に立ってしまったときや，アグレッシブに仕事をしたり個人として成長するのを妨げる内面の問題を取りのぞこうとするときなどに役に立ちます。

3つ目は，**メンタルまたは感情面の深刻な障害に苦しむ人たち**です。アルコールや薬物などの依存，双極性障害や統合失調症といった重い精神障害，解離性障害などに苦しむ人たちや，と

きには発達障害がある上にトラウマを負ってしまった人も対象になります。こうした深刻なケースでは，全体としての治療の中にEMDRを組み込む形で使うとよいでしょう。この本では，1つ目と2つ目の人たちの場合を中心にEMDRをご紹介します。

EMDRって何歳くらいの人向き？

子どもにもEMDRを使うことはできます。しかも，大人と比べると治療が早く進むことがわかっています。とても幼い子どもの場合には，親がつきそって治療をします。

逆に，セラピーに参加できるかぎり，高齢過ぎるという状態はありません。私は70代の患者さんを治療した経験がありますし，イスラエル国内外にいるセラピスト仲間たちからは，80代や90代の患者さんでも効果があったと聞いています。

まとめ——EMDRってどんなときに役立つの？

心の中で妨げになっているものを取りのぞいて，力を発揮したいとき——大きな大会を控えたスポーツ選手が実力を出しきって高得点をねらうとき，学生が試験や大学入試などに備えるとき，アーティストが演技をしたりオーディションを受けたりする前，ビジネスマンがプレゼン力と交渉力を伸ばして自信をつけてから昇給と昇進をねらうとき，など。

人生の危機を切り抜けようとするとき——信頼していた人に裏切られた，離婚した，失業した，出産のときの経験がトラウ

第 1 章　EMDR って何？　今までの治療とどこがちがうの？

マになってしまった，など。

　いつもの行動パターンをやめたいと思うとき——他の人となかなか親しくなれない，いつも悪い選択をしてしまう，癇癪を爆発させてしまう，など。

　不安や恐怖症をなんとかしたいとき——人前で話すのが怖い，失敗しないで演奏などができるかが不安，運転するのが怖い，犬が怖い，怖くて歯医者さんに行けない，毎晩のように悪夢にうなされる，など。

　トラウマ的な出来事の記憶をなんとかしたいとき——レイプの被害にあった，暴行された，交通事故に巻き込まれた，テロに巻き込まれた，愛する人が亡くなった，など。

　あなたが感じている苦しみや，心にある何かの妨げは，身体の医学的・生化学的な状態からきているかもしれませんし，過去の，または今も続いている人生経験からきているかもしれませんし，両方かもしれません。**人生経験からきているものでしたら，EMDR が役立ちます。**

EMDR って，どうしてそんなにいろんな種類の症状を治療できるの？

　一つ一つのケースはもちろん細かい部分で異なっているので，一見，多種類の症状を治療しているように見えるかもしれません。しかし，過去の出来事が現在の苦しみの原因になっている場合には，その神経的また心理的な仕組みはどれもだいたい同じなのです。EMDR では，セラピストの役割は，セラピスト自身の人生経験に照らして考え込んだり，きめ細かいコメ

ントをしたり，かゆいところに手が届くようなアドバイスをしたりすることではありません。そうではなくて，セラピストは，患者さんが現在感じている妨げや苦しさの中心にある出来事の記憶を見つけて，記憶の処理を完了できるように患者さんをお手伝いするのです。細かい部分は，患者さんが自分で理解を深めていくので，セラピストが話をしなくても大丈夫です。その点は，次の章でもっとくわしくご紹介しましょう。

　「私は40歳です。夫と4人の子どもたちと一緒に小さな町に住んでいます。仕事をして，子育てを楽しみながら，家族や友人たちに囲まれて暮らしています。もちろん，毎日の忙しさときたら目が回るようです。2年前に，いちばん下の息子を出産しました。妊娠も4回目ともなると，それまでの経験から出産については何もかもを知りつくしているつもりで，気持ちも穏やかなスタートでした。
　ところが24週目のときです。家族で過ごしていた休暇の途中で，陣痛と同じお腹の張りを感じはじめたのです。医師から安静を言いわたされて，ベッドから降りられなくなりました……そのまま何週間も寝たきりで，お腹の中の小さな赤ちゃんをただただ心配している状況になりました。一日でも長くお腹の中にいてくれるようにと妊娠日数を指折り数えながら，赤ちゃんの体重，生きる可能性，障害の可能性，その他にも心配と不安がいくらでもあって，そうしたことばかりを考え続けました。
　36週目に，あっというまの短い分娩を経て，2,700gの元気な赤ちゃんが生まれました。それこそ数カ月ぶりに心か

ら安心して息ができて,赤ちゃんを胸に抱きました。その日が訪れないかもしれないと,どれほど恐れたことか。でも……その喜びは束の間でした。出産から2時間後,悪夢が去ったことに安堵しながら横になっていたら,私の身体の状態が悪化しはじめたのです。まるで,ジェットコースターに乗って,底知れない真っ暗な深淵にどんどん落ち込んでいくようでした。

　集中治療室で過ごした10日間,私は生と死の間をさ迷っていました。夫の目を見ながら,この人は母親のいない4人の子どもを一人で育てるようになるかもしれない,と心配しました。恐怖に押しつぶされてしまわないように,必死に息を吸って,吐いて,意識が薄れては戻り,全力で生命にしがみつきました。赤ちゃんを抱かせてほしいと頼みました。生命を授けようとして私があれほど戦ったその赤ちゃんに,今度は私のほうが助けてもらう番でした。もがいて,あきらめないで,生き続けるための力を分けてもらわなければいけませんでした。集中治療室の医師の目に,あきらめの表情が浮かんでいました。その目は語っていました,『手は尽くしました。絶望が勝ったようです』。これで終わりなんだと悟りながら,闇に吸い込まれていきました……医師がいて,大いなる力があって,生きようとする私の意志があって,あるいは全部が組み合わさったのかもしれません。すべての希望が失われた瞬間に,私は,この世に戻ってきたのです。

　回復のために数日を病院で過ごしてから,頼みこんで家に帰してもらいました。どうしても家族と一緒にいたかっ

たのです。

　疲れて，身体もまだおぼつかなかったけれど，もともとたくましい母親ですもの，すぐにすべての活動を再開しました。母乳を与えて，料理もしたし，家を切り盛りしました。そう，ここは両親と子ども4人のちょっとした王国です。だから，立ち止まりませんでした。何が起きたのかを考えて，感じて，話し合う作業をすっとばしていました。『母なる大地』として，笑顔を絶やさないで，前だけを向いてひた走っていました。集中治療室で起きたことは，すべて箱に押し込まれ，封印されて，心の奥底のほとんど注意も向かないところに置かれました。

　そうして2年が過ぎ，表面上は何もかもがまた普通になりました。私はじきに仕事に戻り，子どもたちは大きくなって，あの目に入れても痛くないほど愛おしい赤ちゃんは，もう走り回っています。

　そんなある晴れた日，私はテロに巻き込まれました。死の恐怖（文字通り私は死ぬという感覚）が突然襲ってきて，頭から離れなくなりました。ガタガタふるえて涙が止まらなくなり，絶望的な気持ちで，全身から力が抜け，どうしたらよいのかを判断できなくなりました。ただ泣いて，泣いて，泣きました。私は，そう，無敵のはずの私が，何が起きているのかが理解できませんでした。

　ケガはしていません。でも，私は死ぬという強い感じが周囲から迫ってきて，夜な夜な悪夢にうなされました。息が詰まりそうで目を覚ますと，死ぬのではないかと感じました。どうにも普段通りに役割を果たせませんでした。子

どもたちを遠ざけておいてほしいと思って，独りになりたいと感じました。

　何日かして，訪ねてくれた友人が，私をしっかりと抱きしめながら目を見て言いました，『あなたは出産のときの経験のPTSDに苦しんでいるのよ』。テロの爆発はきっかけでしかなくて，そこから出産のときに負ったトラウマからのストレスが一気に噴き出してきたのです。

　友人は，タル・クロイトルを紹介してくれました。タルはEMDRを使ってPTSDを治療する専門家です。私は，EMDRを知りませんでした。それに，自分の症状がPTSDだとは思っていなかったし，セラピーが必要だとも考えていませんでした。あのときの私の状況では，あと2歩前に進んでいたら大けがをしていたかもしれないのです。そんな経験をすれば，誰だって当然こんなふうに反応するだろうと思っていました。

　それでも，ともかくEMDRを使うセッションの予約はしたし，キャンセルするのも申し訳なかったので，とりあえず行ってみました。ちなみに，この申し訳ないという気持ちも，いずれ治療の中で時間を見つけて扱うことになりました。それはさておき，初めてのセッションでは，私の物語を初めから終わりまで機関銃のように一気に吐き出しました。順を追って。ベッドの上で安静にしている間に何を経験したか，お腹の中の赤ちゃんについてどんな恐れと心配が頭をめぐったか，分娩，それに続いた身体の状態の危機。ほとばしるように話しました。この物語をそんなふうに全体を通して一気に聞いた人は，この瞬間まで私自身を

含めて誰もいませんでした。タルは，座って耳を傾けていました。セッションが終わるときに，しばらく国外へ行くのでセッションのための時間が２週間しかないと伝えたら，タルは何の問題も感じなかったようです。そして，EMDRを使うセッションでは心に負った深い傷からくるストレスでもあっというまに治療して解消できるのだ，と説明してくれました。セッションをとても頻繁にして，だいたい毎日，１回あたり２時間こなせば大丈夫だと言います。私は，大いに疑いました。PTSDを２週間で治療するなんて，聞いたこともない！

　タルと，疑いの塊ともいえる私は，次の日にまた会いました。

　タルが，振動を伝えるパルサーという機械を両手に１つずつ握らせてくれて，私は，妊娠から出産までの物語を最初からまた話し始めました。思考が勢いよく流れだしてきて，コントロールできませんでした。初めは，かなりあくせくしました。意識では私が正しいと思う方向へつながっていってほしかったのに，身体は正直で，思考はつながるべきところへ自然につながっていきました。私が落ちつかないのを見抜いたタルが，笑いました，『ハムサンドを食べたいと思ってもいいのよ。そのまま思考をたどって……』。だから，思考が流れ出てくるのに任せました。突然，難しい場面にぶつかって，思考の流れがぴたりと止まりました。自分でも覚えていなかった場面です。タルがその難しい感じについて質問をし，私はもう一度その場面を考えました。タルが，その場面がどれくらい私の心をかき乱すかを数

字で表そうとしました。すると，驚いたことに，さっきまでは思い出すのも難しいほど苦しかったトラウマ的な状況が，急にそれほど苦痛ではなくなったのです。ただし，そこで取り組みが終わったわけではありません。タルは指示を続けました。私は両手にパルサーを1つずつ持ったまま，もう一度その場面の記憶に入り込んで体験し，心がめまぐるしく展開するままになりました……。急に，まるで氷の塊が溶けるように，苦しみとつらさが1分ごとにもどんどん小さくなっていくのを感じました。私たちは，次の難しい記憶に進みました。またタルが質問をして，私の心もめまぐるしく展開して，苦しすぎて思い出せなかった記憶は，十分手に負えそうなものになりました。そんなセッションを4, 5回繰り返したら，深刻なトラウマそのものが過去のものになった感じがしました。それからは，トラウマほど深刻ではないけれども改めたいと思っていた行動パターンや，なんとなく難しかったことに取り組めるようになりました。死ぬのではないかという差し迫った感じ，呼吸できない感じ，この2年の間に経験した覚えていられないほど苦しかったいくつかの瞬間は，受け止められるようになっていました。

　母と妹と一緒に座って，初めて，泣かずに，出産のときに何が起きたのかをくわしく話しました。私は当時の経験をしっかり感じていましたが，今では感情をコントロールできました。

　セラピーを受ける中で，自分でも全く気がついていないところに，あれほど無事に生まれてきてほしいと願った赤

ちゃんに対して怒りの気持ちがあるのを知りました。この子を生むために私は死んでいたかもしれない、大切な家族がもう少しで母親を失うところだったのだ、と無意識に感じていることに突然気がつきました。出産直後に息子を抱っこしたかどうかをどうしても思い出せず、いたたまれなくなりました。タルが、あの魔法の瞬間まで導いてくれて、私はまた分娩台の上にいました。私の赤ちゃんがこの世界に出てくるのがはっきり見えます。医師が小さな息子をこちらへ差し出します。抱っこしました。喜びがあふれてきて、事の成り行きからきちんと記憶しそこなっていた絆が生まれる瞬間を、今度はしっかり経験できました。

　EMDRの集中的な治療は、ほぼ毎日、合計で10日間受けました[訳注]。衝撃的で、とてもエネルギーを消耗する治療でしたが、実際には、話している時間はそれほどありません。ほとんどの時間が一人の作業で、私は両手にパルサーの振動を感じながら、心の中で過去にあったいろんな出来事を行ったり来たりしていました。記憶の瞬間が次から次へと文字通り目の前に見えて、すっかり忘れていた出来事もふいに現れました。思考の流れが速くてコントロールできず、当時の状況にぐんぐん引き戻されるのがあまりにも強烈で、場面がありありと見えて、感じられて、匂いまでしました。次の瞬間、タルが割り込みました。タルは、私の心でそのときに何が起きているかを知りませんが、記憶を

訳注）こうした集中的なEMDRセッションの持ち方は決して一般的なものではない。メリットとデメリットを慎重に検討する必要がある。

第1章 EMDRって何？ 今までの治療とどこがちがうの？

たどりながらつらいと感じる場面まできたらそこで止まって，そのときの苦しさが0〜10までの数値で表すとどれくらいかを評価するように，と言いました。それからまた手にパルサーの振動を感じている状態でさっきと同じつらい場面まで導いてくれて，また評価をし，それを繰り返しながら，その場面を思い浮かべたときの苦しさが消えるまで続けました。

　嘘のようですが，セッションをたった3回受けただけで，心がずっと楽になりました。身体が急に軽くなったみたいです。それまでは不安の塊が心につっかえていて，いろんなものを思いきり楽しめていなかったのだと気がつきました。特に，私の大切な赤ちゃんとは，本当はもっともっと楽しい時間を過ごせたはずでした。

　セラピーを終えた私は，心も軽やかに，予定どおり旅行にでかけました。大切な子どもを抱っこして，タルを紹介してセラピーを受けるように背中を押してくれた友人には伝えきれないほどの思いで感謝しながら。

　普通のセラピーを受けていたら，絶対に何年もかかっていたはずです。毎週のように恐怖や不安について同じ話をして，何の解決もなかったと思います。ところが，EMDRを受けたらこのとおり。2週間もかけずに，過去のトラウマが，心の奥底に封印したまま決して呼び覚ませなかったモンスターから，つらいけれどもコントロールできる経験に変わりました。トラウマは，ついぞ私の人生を支配できませんでしたし，私が役割を果たすのも妨げられませんでした。私はもう死ぬ夢を見ませんし，夜中に息ができない感

じで目を覚ましもしません。出産のときに何を経験したかを話しても，涙がこみあげてきません。何よりも，赤ちゃんへの怒りはこれっぽっちもなくて，この子を妊娠し生んでよかったと思います。私の大切な家族には，自分を取り戻したたくましい母親がいます。見事な早業治療のおかげです」

第2章

EMDRの治療って，何をするの？

　数日前や数週間前ならともかく，何年も昔の出来事が，どうしていつまでも悪さをするのでしょう。

　ご存じのとおり，私たちの身体には，健康でい続けるためのさまざまな生理的な仕組みがあります。どこかを切ったり，骨折したりすると，回復しようとする仕組みが働いて自然に治ろうとします。同じような仕組みが心にもあって，気持ちが動揺して心が傷つくと，寝ているときにも目覚めているときにも脳が働き，経験を処理して，全体としてまとまりのある健康な心に治ろうとします。

　でも，受け止めきれないほどの出来事が起きると，脳が記憶を処理できず，回復のプロセスが完了しないままになってしまいます。受け止めきれないのは，出来事そのものがあまりにも強烈だったからかもしれませんし，たまたまそのときに寝不足や病気で弱っていたからかもしれません。自分の力ではどうにもならなかったという状況も考えられます。特に，幼いころの出来事はそうでしょう。

　いずれにしても，出来事が起きたときにタイムリーに記憶の

処理が完了しないと，経験した景色，匂い，声，気持ち，考え，身体の中にあった感覚などは，いってみれば「生（なま）」のまま貯蔵されることになります。生の状態の記憶は，私たちが普通に生活する際の基盤となる全般的な記憶のネットワークには取り込まれず，一種の「カプセル」になって別個に保管されます。そして，全般的な記憶のネットワークと「カプセル」の記憶は分断され，それが本当はいつ起こった出来事なのかがわからなくなってしまうのです。

　全般的な記憶の中での時間的位置づけがないため，出来事の前にそれに関連した何かが起きていても，出来事の後にそれの意味を変えるほど大きな何かが起きても，外から働きかけないかぎり，「カプセル」に収まった生の記憶の内容は絶対に変わりません。カプセルに収まった記憶を呼び出す外的刺激を受ければ，そのたびにカプセルの記憶の内容が生のまま「再生」される状態になります。何年も昔の出来事でも，未処理の記憶として現在によみがえり，日常に見合わないほどの強烈さで感じられ，悪さをするようになるのです。

　よく知られているのは，戦争から戻ってきた兵士が苦しむシェルショックでしょう。これは戦争神経症とも呼ばれ，たとえばドアが勢いよく閉まるときの大きな音が砲弾の音に聞こえたりする症状です。戦争神経症に苦しむ人が大きな音を聞くと，戦場にいたときの感覚がよみがえって，目にした光景，感じた気持ち，浮かんだ考えなどが，まるで今戦場にいるかのようにありありと経験される場合があります。このとき，頭では，戦争がとうの昔に終わっていてそれからもう何年も経っているとわかっています。それでも，そうした鮮やかな感覚が差

し迫ってくるのです。

　PTSD（Post Traumatic Stress Disorder：心的外傷後ストレス障害）と診断されるほどのケースこそ少ないですが，トラウマ的な記憶そのものはめずらしくなく，大抵の人が何かしら持っているでしょう。何かにつまずいたりうまくできなかったりした出来事の記憶で，それが肥やしとなってその後の人生に役立つのではなく，むしろさまざまな状況で妨げになっている類のものです。未処理の記憶が悪さをしている状況としてどんなものがあるかを，ちょっと考えてみましょう。大の大人が小さな犬がいるだけで極端に怖がる（このときに再生されている未処理の記憶のカプセルの内容は，4歳のときに犬に噛まれた場面），上司なのに部下に対して権限をふるえない（カプセルの内容は，まだ権限がなかった時代のころのこと），裕福なのにいまだにお金が足りないと感じる（カプセルの内容は，お金がなかったころのこと），怖くて車を運転できない（カプセルの内容は，交通事故の場面），飛行機に乗るのが怖い（カプセルの内容は，以前に飛行機に乗って乱気流に巻き込まれたときのこと），人前で話をするのが怖い（カプセルの内容は，小学生のときに人前で話をしようとして失敗した場面），あるカフェの前を通ろうとすると嫌な気分になる（カプセルの内容は，以前に交際していたパートナーとよくそこで一緒に座っていた記憶），昇給願いや昇進願いを切りだせない（カプセルの内容は，「自分にはそれだけの力がない」と感じた以前の出来事），周りの人たちと上手につきあう自信がない（カプセルの内容は，小学校時代に仲間はずれにされた記憶），打ちとけた親密な関係になるのが怖い（カプセルの内容は，信頼していた

人に傷つけられた出来事）などです。

　つまり，何らかの出来事を受け止めきれずに，脳が記憶をタイムリーに処理しそびれるたびに，記憶のカプセルが生まれるといえるでしょう。大変な出来事の中で身動きが取れなくなっている瞬間がカプセルに閉じ込められて保管され，カプセルの中身が再生されるたびに，何度でも，まるで録画されたビデオを再生するようにしてその瞬間を生々しく再体験するのです。これは，理屈とは全く関係ありません。なぜなら，理屈は，いちばん納得できて気持ちが落ちつくところへ記憶を収めていく適応的で全般的な記憶のネットワークの一部ですが，未処理になっているトラウマ的なカプセルの記憶はそのネットワークには決してつながれないからです。私たちは頭でわかっていて何度も自分に言い聞かせるかもしれません，それは過去の出来事だ，もう私の人生の一部ではない，実際にもう何年も影響なんかなかった，これからだって影響するはずがない，と。しかし理屈はカプセルの内容には届きません。カプセルの内容は全般的な記憶のネットワークとは切り離された別なネットワークとして保存されているからです。ですから，セラピーに何年も通い続け，終わりが見えない中でセッションだけを重ねて，毎回同じ苦しい出来事について話しながら涙を流す（カプセルの内容が再生されるのはつらいものですから）といったケースが出てきてしまうのです。

　セラピーに通ってきてくれたニーナの例をみると，カプセルが全般的な記憶のネットワークから切り離されている様子がよくわかります。ニーナの息子は，もう何年も前に，未熟児として生まれました。出産を終えたニーナが，息子に会いに新生児

室まで行ったときです。彼女は新生児科の医師たちが息子に心肺蘇生をしているのを見て，衝撃を受けました。スタッフに何度頼んでも，決して息子の側へ行かせてもらえずに，彼女がいては蘇生の邪魔にしかならないからと遠くへ追いやられました。その後の数時間，ニーナは，新生児室の外で，たった独りで，耐えられないほどの恐れと不安の中で過ごしました。ニーナの小さな息子は死につつあるか，少なくとも死の際にあるのです。ニーナの心も身体もその状況に反応しました。受け止めきれない事態の中で，そのときの記憶は他とは切り離されたカプセルに収められました。

2時間後に新生児室に入る許可がおりて，ニーナは初めて自分の思い違いだったと気がつきました。心肺蘇生を受けていた赤ちゃんは，実はニーナの息子ではなかったのです。ニーナの息子は元気で，それから数時間後には退院できました。その後の発達も，何も問題ありませんでした。

ところが，激しく心をかき乱す出来事だっただけに，新生児室の外にいた2時間のトラウマ的な経験は，ニーナの全般的な記憶のネットワークから切り離された「カプセル」に収まってしまいました。そのため，息子の生命が危険にさらされているという出来事は，完全に間違いだったとすぐ後にわかったのに，理屈ではどうにも働きかけようのないありありとした生の記憶のままになりました。私たちは，セラピーでこの記憶に取り組みました。処理を始める前に，出来事を思い返したときに嫌だと感じる今の気持ちの強さを尋ねると，ニーナは，10段階評価で最も強い10だと答えました。0から10までの数値で嫌な気持ちの強さを評価するこの尺度は主観的障害単

位（SUD：Subjective Units of Disturbance）と呼ばれるもので，セラピーがどれだけ効果があったかを調べるために後でまた使います。あれから随分時間も経っているのに，死にかけていたのが息子だと思い込んでいたときの記憶がそれ以上ないほど強く今のニーナの心をかき乱していました。それほど大きく動揺していた気持ちでしたが，EMDRを使ったセラピーを始めて1時間たらず，全般的な記憶のネットワークと生の記憶のカプセルとの間にいくらか内容的なつながりができると，ニーナは，その出来事の記憶が心をかき乱す感じが0になったと話しました。つまり，「カプセル」となっていた記憶がしっかりと処理されて，適応的で全般的な記憶の流れと結びつき，その中での時間的位置づけも定まると，トラウマ的な出来事の記憶からはネガティブな気持ちがもう発生しなくなったのです。

　似た特徴を持ったカプセルがたくさん集まると，そこから共通のテーマが現れてくる場合があります。テーマは，「私には力がない」とか「私は周りの人に迷惑をかけているに違いない」などといった思考からできています。このようなテーマをセラピーで扱うときは，巨大な氷の塊を溶かして消そうとするのに似ています。一気に全体を溶かそうとはしないで，小さな欠片を切り出して，それが溶けたらまた切り出して，と繰り返していると，「氷の欠片」が一つ一つ消えていきます。この本の副題［訳注：原著の副題］を「記憶を一つ一つ片づけていくと，人生が変わるのです」にしたのも，このイメージをお伝えしたかったからです。セラピーの中で方針を決め，ひとつ片づいたら次へとコツコツ取り組んでいくと，テーマにあまり振り回されなくなりますし，ときにはテーマから完全に自由になれ

第2章　EMDRの治療って，何をするの？

る場合さえあります。

　EMDRを使ったセラピーでは，普通は初めの3セッションくらいで患者さんの生い立ちなどを聞き取ります。患者さんを苦しめているのが，何かのつらさ，妨げられる感じ，人生で本来の力を十分発揮できていない感じのいずれにしても，その問題に関連していそうな「カプセル」にまつわる過去の出来事に，特に注目しながら聞き取ります。次に，カプセルを最後まで処理していくときに必要になるものを患者さんが持っているかどうかを確かめます。たとえば，途中であまりに苦しくなってしまったときに一時的に逃げ込める安全な場所のイメージを思い描けるか，処理を完了するために必要な肯定的なイメージや考えが心の中に十分あるかどうか，などです。必要なものがそろっていれば，すぐに処理にとりかかります。そろっていなければ，まずは肯定的な考えなどを患者さんの心の中に増やします。それから，いよいよ，全般的な記憶のネットワークから切り離されてしまっているカプセルの中身，つまり生の記憶を取り出して，方針に沿ってどんどん処理していきます。

　カプセルに閉じ込められている生の記憶を呼びだすときには，連想を頼ります。EMDRではその道筋を「**連想のチャンネル**」と呼んで，次の4つを使います。**感覚のチャンネル**（主に視覚的なイメージですが，匂いや音やその両方という場合もあります），**感情のチャンネル**，**認知のチャンネル**（このチャンネルを通して，カプセルの記憶が信念と結びつきます。記憶は，はじめは否定的な信念と結びついていますが，ゆくゆく処理が完了したときには，出来事をこう受け止められるようになりたいと考える肯定的な信念と結びつくことをねらいます。よ

くある否定的な信念と肯定的な信念のリストを，本書の付録 G に載せておきます），**身体 / 身体感覚のチャンネル**。

　生の記憶には，トラウマ的な出来事が起きたときに身体の中にあった感覚が多分に含まれています。そのため，ケガをしたときの記憶をセラピーで扱うと過去に傷ついた身体の部分が当時と同じように痛みだし，記憶の処理が完了したらすぐに痛みが消える，ということがよくあります。たとえば，自分で身体を傷つけてしまう症状に苦しむ患者さんとセラピーに取り組んでいると，古い傷跡が痛みはじめました。以前に従軍していてケガをした男性と取り組んだときには，そのときのケガの痛みがよみがえってきました。

　ケガから回復してもう何年も経っているのにその部分がいまだに痛むという話は，それほどめずらしくありません。そうしたことが起きるのは，身体 / 身体感覚の連想のチャンネルがあるからです。たとえば「幻肢痛」という症状をご存じでしょうか。腕や脚を失った患者さんが，今は存在しない身体の部分に，まるで幻の腕や脚があるかのように痛みを感じるドラマティックな症状です。脚を切断した患者さんなら，幻の足先にいまだに強い痛みを感じるかもしれません。今のところ，幻肢痛は純粋に身体の医学的な問題として治療されています。でも，最近になって，EMDR が幻肢痛の痛みを治療できると示す研究がどんどん増えてきました。今はない身体の部分の痛みは，その部分がまだあったころに全般的な記憶のネットワークから切り離されてそのまま別に保管されたトラウマ的な記憶とつながっており，記憶が何度でも「再生」されるたびに悪さをします。だから，EMDR でトラウマ的な記憶を処理すると，

幻の身体の痛みも消えるのです。

　ところで，苦しさや生きづらさの元になっているためにセラピーで扱わなければいけない記憶は，四六時中悩まされているのがはっきりわかる出来事の記憶だと思われがちです。何かの出来事の悪夢でも見続けようものなら，絶対にそれだと思うでしょう。しかし，それは違います。はっきり意識していなくても，実は苦しさの元になっている記憶があります。自分では大したことがないと思っている出来事でも，それに伴う記憶が，気がつかないうちに大きな影響を及ぼしている場合もあるのです。たとえば，患者さんがこう話したとしましょう，「そうね，彼女は私を押しのけて，汚れたユダヤ人と言ったわ。でも，私はあのときまだ8歳だったし，今は40歳でイスラエルに住んでいるもの。そんな出来事が引っかかっているなんて思わないわ」。もうご存じのとおり，トラウマ的な記憶はカプセルに閉じ込められていて，理屈どおりには機能しません。そこでEMDRでは，過去の出来事が現在の患者さんに及ぼす影響の大きさを調べるとき，知識と理屈に頼らず，むしろ，記憶に「触れた」瞬間に心をかき乱される「感じ」に注目します。先ほど少しご紹介した主観的障害単位（SUD）を使って調べるのが，この「感じ」です。この患者さんの場合，8歳のときの記憶に実際に触れた瞬間のSUDは「8」（最大は「10」）で，かなり心をかき乱されているとわかりました。もし知識と理屈に基づいて患者さんの話の重要性を判断していたら，この記憶が現在の患者さんの心をどれほど大きくかき乱しているかを見落として，処理するチャンスを逃していたでしょう。もちろん，患者さんが苦しさから解放されるチャンスも逃していたわ

けです。

　セラピーの中で何かの記憶に触れてみて，SUDが3または4よりも大きい場合，その記憶は今でもまだ影響を及ぼしています。患者さんは最初はそうと思わないかもしれませんが，処理を進めて，出来事の記憶の影響がはっきりしてくると，それが人生のさまざまな領域に影響を及ぼしているのがわかるようになります。扱っている過去の記憶には大した意味なんてないと思っていた患者さんでも，後からよく話してくれます，「いわれてみれば，あの出来事はたしかに今の苦しさと煩悶に通じている。今まで気がつかなかった」。

　EMDRのセラピーで記憶を処理しているときには，2つの仕掛けが働いています。ひとつは，同時に「過去」と「現在」の両方に注意が向くように導きます。もうひとつは，脳の右半球と左半球の両方が処理に関わる方法で導きます。

　処理のプロセスに必ず脳の両半球が関わるようにするには，身体の両側，つまりは脳の両側に働きかける刺激を使います。これを両側性刺激といいますが，両側性刺激を作り出す方法は，たとえばイヤホンを通して左右の耳に交互にそれぞれ違った音を聞かせる，左右に動くものを見つめるなど，いろいろあります。私が普段から使っているのは，EMDR専用に作られた装置で，パルサーという小さなボールに似たものを両手にひとつずつ握った状態で左右交互に振動を伝えます。ときどき，胸に苦しさを感じるが理由がわからないと訴える患者さんがいます。そんな患者さんには，パルサーを両手に持ってもらって，振動を感じている状態でEMDRを何セットか行うと，苦しさの理由がわかります。まるで魔法のように聞こえるかもし

れませんが，脳の両側に働きかける両側性刺激のおかげで，苦しさを感じている身体感覚を司る半球と，理由を知っている認知を司る半球とがつながって，理解が深まるのです。

　セラピーで記憶を処理するときは，心に任せて，イメージが流れていくのをただ眺めながら，コントロールしないようにします。処理している出来事の記憶からつながる連想は，未来へ流れるかもしれませんし，過去へ行くかもしれません。記憶の別な面を見せてくれるかもしれませんし，すっかり忘れていたもっと細かいところを見せてくれるかもしれません。あるいは，また別な連想のチャンネルをたどった情報につながることもあります。もちろんEMDRで使う連想の道筋としてご紹介した認知，感情，感覚，身体／身体感覚の連想のチャンネルからの情報も含まれているでしょう。イメージがどう広がっていこうとも，ただ眺めたまま，流れをコントロールしようとせず，そうした連想がセラピーの中で意味を持つのかどうかさえ判断しないようにします。

　処理している出来事と全く関係ない連想が浮かんできたと思っていたら，後になってつながりがはっきりわかった，ということはよくあります。自尊心が低く，自分自身を評価して信頼しようとはなかなか思えずに苦しんでいた若い患者さんのケースもそうでした。あるとき，両側性刺激を与えるセットの途中で何に気がついたかを尋ねると，その患者さんは答えました，「全然関係ないことです。突然，大きなカーテンがあって，自転車の絵が描かれているんです」。私は，何かに関係あるかどうかは判断しないで，ただ気づいておいてください，と伝えました。すると，次の両側性刺激セットの途中で，患者さ

んは 4 歳のときの出来事を思い出しました。まだ幼かった患者さんと年下の妹とが，プレゼントに自転車をもらったのです。ところが，妹はすぐに乗れるようになったのに，患者さんはなかなか乗れずに，自転車から落ちてしまいました。患者さんは家族が自分を見て笑っている場面を思い出しました。そのときから低い自尊心へ突き進んでいったのでした。

　出来事の記憶を思い浮かべたときに嫌な気持ちがどれほど強いかを示す SUD の数値は，記憶の処理を進めれば順調に下がっていくわけではありません。処理の途中で上がったり下がったりするかもしれません。嫌な気持ちの強さが上下している間は，処理を続けます。嫌な気持ちの強さがほとんど変わらなくなったら，セラピストが導いて連想の流れの方向をちょっと変えると，うまく処理が完了するかもしれません。もっとも，連想の方向を変えても嫌な気持ちの強さが変わらない場合もしばしばあります。その場合はおそらく狙いが的から外れていて，今処理している記憶が苦しさの大元ではないのです。つまり，今処理しているものの基盤になっている，先に処理すべき古い記憶がありそうだということです。そのような今の記憶の土台になっている古い記憶がある場合，それを「養分を与える記憶」と呼びます。嫌な気持ちの強さを表す SUD は，出来事の記憶が全般的な記憶のネットワークの中の否定的な信念とつながる強さを示しているといえますが，それとは別に，出来事の記憶が全般的な記憶のネットワークの中の肯定的な信念とつながる強さを示す尺度でもあります。セラピーで処理のプロセスを完了するときには，出来事の記憶を思い出した際の SUD は 0 か，それに近くなります。また，記憶がどれほど肯

定的な信念とつながったかを示す尺度は，1から7までの数値でいちばんよくつながったことを示す7かそれに近くなって，身体はリラックスします。

　ときどきあるのは，前回のセッションでSUDが下がったのに，次のセッションでまた上がるケースです。そんなときは，2つの場合が考えられます。ひとつは，処理している記憶には苦しい側面が他にもあって，それにも取り組まなければいけないのかもしれません。たとえば，恥ずかしいと感じる側面の処理は済んでいても，怒りを感じる側面がまだ残っているかもしれません。もうひとつは，先の段落でお伝えしたように，もっと古い記憶を見つけてそちらをまず処理しなければいけないのかもしれません。しかし，記憶の処理がしっかり完了してSUDがいったん0になれば，ほとんどの場合それからもずっと0のままで，その記憶にはもう一生苦しまなくなります。

　　「よく，座って考えます。この治療で，何がいちばん大きかったかなと……セラピーのおかげでどこが変わったかなと具体的に思い浮かべようとして，人生を見わたして探して……でも，難しいのです。何も変わらなかったからではありません……いいえ，逆です……あまりにも何もかもが変わったからです。

　　前は『普通の』セラピーを受けていて，それでも効果を感じて，得るものがたくさんあると思っていました。でも，EMDRは全然違う経験でした。いちばん驚いたのは，効果を毎日の生活の中で実感するときのあまりの自然さかもしれません。全く考えていないのです。つまり，たとえば『今

の状況がこうだから，あれやこれをしよう』というふうにはなりません。いつのまにか，ほとんど自然に振る舞っているのです。脳の仕組みが根本的に変わったんじゃないかと感じるときもあって，以前ならたぶん動揺していた出来事でも，ただ平気になったとしかいえなくて，出来事が私に及ぼしていた支配力が急に消えたみたいです。

　セラピーを受けようと思った理由ははっきりしていました。でも，すぐにわかりましたが，きっかけだと思っていた出来事には，自分で気づいてさえいなかったもっと古い出来事が関連していました。何年も昔の古い出来事でも私の行動や反応を支配するかもしれないのだ，と説明されました。記憶がきちんと処理されていないと，いつまでも生々しくよみがえってきて，心を揺さぶり続けるからです。セラピーの中でそうした古い出来事の記憶に『戻って』，はっきりとした見通しに沿って次々と処理してから改めて吸収すると（時間がかかって大変そうに聞こえるかもしれませんが，ときには一瞬のうちに，まるで部屋の電気がつくようにして起きて，あらゆるものがそれまでとは全く違って見えはじめます），物事が落ちつくべきところに落ちついて，もう私を支配しなくなりました。セッションが終わって帰ろうとするときに，『え？　本当にこれだけ？！』と思っていたのをはっきり覚えています。そのとおり。私にとっては，それだけでした！」

第2章 EMDRの治療って，何をするの？

治療はどんな流れなの？

EMDRでは，時間を3つにわけて注目します。

A. 過去——記憶が未処理になって問題を生み出した出来事はどれか。
B. 現在——未処理の記憶が現在どんな症状を引き起こして，どんな影響を及ぼしているか。症状を引き起こす現在のきっかけは何か。
C. 未来——苦しさを感じている領域で，未来にはどうなっていたいと願うか。

実際の治療は，手順に沿って8つの段階で進めます。

 1. **生育歴・病歴聴取**。患者さんの背景を聞きながら，患者さんにいまだに影響を及ぼしている過去の出来事のトラウマ的な記憶の「カプセル」を見つけて，治療の計画を立てます。また，現在の症状，症状を引き起こす現在のきっかけ，治療を終えるときにはどんな気持ちで出来事を受け止められるようになっていたいかなども聞き取り，記憶を処理するプロセスで必要なコーピング手段を持っているかどうかも探ります。

 2. **準備**。準備の段階がどんな内容になってどれほどの

時間がかかるかは，患者さんによってそれぞれで，紹介されてきた事情や，患者さんが持っている力で変わります。はじめの2つのステップがあっさりと30分で終わる患者さんもいますが，トラウマが深刻だったり，一連の出来事の影響が積もりに積もってしまっていたりすると，もう少し時間がかかるでしょう。かなりめずらしいケースですが，頑固な依存症の症状や解離性障害などがあると，ここまでのステップだけで何週間，何カ月とかかってしまう場合もあります。

　準備の段階では，セラピストが，EMDRの基本を紹介してセラピーの流れと様子を説明します。また，出来事の記憶の処理をしっかり完了するために必要なものを患者さんが持っているかどうかも確認します。普段から仕事や学校に通って日常生活を問題なく送れている患者さんでしたら，普通は大丈夫で，必要なものはすでに持っていると考えてよいでしょう。そのままセラピーを始められます。しかし，患者さんがすっかり元気を失っていて，日常生活もままならないほどつらいようでしたら，ひとまず，苦しい瞬間を乗り越えるための方法を練習して，肯定的な考えなどをいくらか手に入れてから処理に進みます。

　3. 評価。さしあたって治療の焦点にすると決めた出来事の記憶について，先ほどご紹介した4つの連想のチャンネルも使いながら情報をたくさん集めます。出来事につい

てどんなイメージがあるか。これは感覚の連想のチャンネルをたどって呼び出されます。記憶に伴ってどんな否定的な言葉が心に浮かぶか。記憶の処理が完了したときには出来事や自分についてどう思えるようになっていたいか。それを表す肯定的な言葉は何か。記憶を処理する前（現在）は，出来事を思い浮かべるとその肯定的な言葉がどれくらい当てはまるか（1〜7までの数値で表す）。出来事を思い浮かべると，どんな感情が湧いてくるか。記憶を処理する前（現在）は，出来事を思い浮かべたときにどれくらい心をかき乱されるか〔先ほどご紹介した0〜10までの数値で表す主観的障害単位（SUD）〕。身体のどこに記憶を感じるか。

　4．脱感作。脳の右半球と左半球を交互に刺激しながら，出来事の記憶の再処理を最後まで終わらせます。左右の脳に働きかけるために，目を左右に動かす眼球運動，両耳に交互に音を聞かせる方法，身体の右側と左側を交互に触れたり軽く叩いたりする方法などを使います。脱感作の段階は，SUDが0，または0に近くなるまで続けます。つまり，記憶を呼び出しても，感情のチャンネルを通して心がかき乱されなくなるまで続けるのです。脱感作の段階では，会話はほとんどしません。患者さんは，黙って再処理している短時間のセットを次々とこなしていきます。このとき，患者さんの脳が以前にタイムリーに処理しそびれた

出来事の記憶を改めて最後までしっかり処理するチャンスをセラピーの中で作っているといえるでしょう。再処理のプロセスでは患者さんはずっとはっきり目覚めていて，両側性刺激で左右の脳を刺激しながら，心で何が展開しているかをごく短く刻々とセラピストに報告します。一方セラピストは，患者さんがいちばんよい条件で再処理できるように助けます。再処理が順調に流れていれば，できるだけ働きかけません。もし流れが止まってしまったら，もう一度流れだすように働きかけます。患者さんの側から見て，脱感作の段階がいったいどんな感じがして，再処理が進んでいる瞬間に何を経験するかは，苦しい要素に対して脳がどう活動するかで人それぞれです。たとえば，視覚的なメタファーが豊かで「空想の世界」にいるみたいと感じる患者さんもいれば，イメージはそれほど印象に残らないけれど視点が変わるたびに感情が大きく変わるという人もおり，理解がどんどん深まっていく感じだと話す人もいます。

 5．植えつけ。出来事や自分についてどう思いたいかを表す肯定的な言葉と出来事の記憶とがしっかり結びつくまで処理をします。つまり，植えつけのプロセスが終わったときには，その出来事の記憶から肯定的な言葉を強く連想する状態になっているはずです。プロセスが完了したかどうかは，認知のチャンネルを使って確かめます。その出来事を思い浮かべたときに肯定的な言葉が，1～7までの数

値のうちいちばん高い7，またはそれに近い値になったかどうかを見て確かめましょう。

　7．終了。次回のセッションまでの間，何にどう注意して過ごすかをアドバイスし，またその間に起きたことを次回セッション時に報告するように伝えます。

　8．再評価。前回処理した出来事の記憶が間違いなく最後まで処理されたかどうかを，次のセッション，または続く数回のセッションの中で確かめます。具体的には，その出来事を思い浮かべたときにどれほど心をかき乱されるかをもう一度，嫌な気持ちの強さを表すSUDで評価します。また，前回の処理の後に日ごろの生活で何が変わったかを簡潔に報告してもらって，その内容も見ます。処理が完了したのが確認できたら，その出来事の記憶についてはもう処理をしなくて大丈夫です。

悪さをしている記憶はどこからくるの？

　苦しさの中心にあるのが極端で目立つ出来事なら，悪さをしている記憶を見つけるのはそれほど難しくないでしょう。しかし，たとえば自尊心が低くてなかなか自己主張できない，他の人と親しくなろうとしてもうまくいかない，もっと力を発揮するために「心の妨げ」を取りのぞきたい，などという問題になると，焦点がはっきりせず問題の幅も広いため，中心にある出来事の記憶が見つけにくくなりがちです。こうした場合，自分を悩ませているトラウマ的な記憶がはっきりしているわけではないので EMDR は自分には合わない，と思い込むかもしれません。この思い込みは間違いです。それではせっかく役立つ治療のチャンスを逃してしまいます。よく考えてみましょう。こうしたケースで患者さんが「悩まされる」のは，何をしなければいけないかが理屈ではわかっているのに行動を変えられない，という点です。妨げになっている行動には気づいているのですが，それを変えられないのが悩ましいのです。PTSD の場合には，出来事にイメージが伴っていて，そのイメージにも「悩まされる」ので，苦しさの中心にある出来事の記憶にはだいたい気がつきます。ところが，PTSD ほどではないトラウマ的な記憶の場合には，きっかけとなる出来事はあるものの，「悩まされる」のはその出来事に伴うイメージそのものではなくて，むしろ出来事に伴う「私には行動を変える力がない」などといったマイナスの感情や否定的な信念です。そうした感情や信念は無意識であることも多いので，元の記憶を見つけるの

が難しくなります。焦点がはっきりしないまま悪さをしている記憶を見つけにくい，このようなケースを EMDR で治療する場合，最初の数回のセッションでは，妨げややめたい行動パターンなどを生み出している仕組みを探ります。これには妨げの原因を探すべく**時間を遡ってたどる方法**と，**診断的 EMDR** と呼ばれる方法があります。

時間を遡ってたどる方法。ご説明する前に，気をつけていただきたい点をお伝えしておきましょう。中心にある出来事の記憶を見つけるためにセラピーで使う方法の一部は，あなた一人でもできるかもしれません。でも，苦しさが急激で強いときには，決して一人でしないでください。急に強く心を揺さぶる出来事は，思い出すとますます苦しくなってしまう可能性があります。ですから，とてもつらい出来事がある場合は，必ず，特に大変な出来事をしっかり扱うためのトレーニングを受けたセラピストにサポートしてもらいましょう（上手な EMDR セラピストを選ぶための基準を付録 D に載せておきますので，参考にしてください）。

さて，なぜそうするのかが自分でもわからない，自分でしておきながらストレスの元になっている，といった行動や何かのパターンを見つけたとしましょう。そのふるまいを最近の出来事だけでは説明できないなら，ひとまず，現在その行動をしているときに湧いてくる感じをよく理解するために，3 つの連想のチャンネルを通して調べます。

1. **感情のチャンネル**──行動を起こしたときに心にあるの

はどんな感情だろう。
2. **認知のチャンネル**——行動を起こしたときに浮かぶのはどんな否定的な言葉だろう（よくある否定的な信念のリストを付録Gに載せました）。
3. **身体感覚のチャンネル**——行動を起こしたときの感じは身体のどこに感じるだろう。

現在その行動をしているときに湧いてくる感じがよくわかったら，いよいよ記憶を遡って，他にいつどこで同じ感じ，似たような感じを味わったかを探してリストを作ります。たとえば，「私は敗北者だ」という感じ……他にいつどこで同じ感じがしただろう？　大学だったかな？　味わったのなら，いつ？　高校ではどうだった？　もっと昔の子ども時代は？

逆に，時間を過去から現在へとたどって元の記憶を突き止める方法もあります。たとえば，小学校で「私は敗北者だ」と感じたかな？　いや，そんな感じはしないで，楽しかった。じゃあ，中学校ではどうだろう。中学校で敗北者だと感じたかな？　というふうに進めます。時間を過去から現在へとたどってくると，苦しさがいつから始まったのかを見つけられます。

診断的 EMDR。苦しさを感じるけれども何が問題なのかがわからないときは，どうしてそう行動したのか，理由をうまく説明できない最近の出来事にまず取り組んでみる方法があります。最近の出来事の記憶を処理すると，出来事からの連想がどこへつながるかがわかります。つながっていったところから始めて，行動の中心に何があるかを探り，より古い記憶へとた

どっていきます。そこまできたら，苦しさの中心にある出来事の記憶に焦点を絞って治療計画を立て，方針に沿ってどんどん進められます。

副作用はないの？

EMDRには副作用が3つ考えられます：

セッションの途中や直後にどっと疲れる。これは，必ずというわけではありませんが，わりとよくあります。でも考えてみれば，EMDRのセッションでは感情，感覚，認知，身体感覚の要素を総動員して集中的に記憶を処理していきますので，疲れるのは当然ともいえるでしょう。

苦しさが和らぐ前に，一度強くなる場合がある。これも，必ずではありませんが，ときどきあります。トラウマ的な出来事の記憶を処理するには，普通は1～3回ほどのセッションが必要です。1回のセッションで処理が完了しないと，処理途中になった記憶の内容が次のセッションまでの間にちょくちょく割り込んできて，出来事についてそれまでよりもいくらか頻繁に考えたり夢に見たりするかもしれません。こうした影響が考えられるので，セラピストは，準備の段階で，つらくなったときに自分でリラックスする方法を患者さんが持っているかどうかを確かめてから処理を始めます。処理しようとしている記憶の出来事が深刻なものなら，週に2回，または少なくとも週に1回以上の頻度でセッションを受けて，その出来事の記憶の処理

がしっかり終わるまではセッションの間隔をなるべく狭くするのがお勧めです。そうすれば，この副作用を少なくできますし，もしかしたら完全になくせるかもしれません。

　過去の感情に反応して現在に行動してしまう。これは3つの副作用の中ではいちばんまれで，私が実際に目にしたのもほんの数回です。つまり，特に深いトラウマを負うような出来事の記憶を処理しているときに，セラピーの中で思い出して感じている感情について，それが過去の記憶のものか現在の感情なのかを混乱した患者さんが，現在の状況で反応して行動するのです。たとえば，部屋から駆け出すなど。10年前に私がセラピーをした患者さんは，2歳のお嬢さんが末期がんだと医師から告げられました（幸いにも診断は間違っていて，お嬢さんは今も元気です）。そのときの感情がセラピーの中で表れると，セッションの途中で患者さんは部屋から飛び出しました。そして，次の日に戻ってきて記憶の処理を完了しました。どういうことかというと，この患者さんは，元々のトラウマ的出来事が起きたとき，つまり医師からあまりにも恐ろしい診断を伝えられた瞬間に，とっさに立ち上がって飛び出したい気持ちに駆られたのです。その感情がセラピーの中でまた表れたため，今度は実際に飛び出したのです。

EMDRへの期待は大きい？

　1987年に開発されてからもう何年も経ちますが，EMDRは，今でも使われる範囲がどんどん広がっています。深刻な病

に苦しんでいるわけではない一般の人たちにもEMDRは役に立ちます。一般の人たちの場合に注意するのは，処理を最後まで完了するために必要なもの（コーピングの技術）を持っているかどうかという点ですが，それは治療手順2の準備の段階で確かめ，持っていなければ，治療を始める前に安心できる場所のイメージや肯定的な考えなどを持つようにします。もっと深刻な症状に苦しむ患者さんに対しては，以前はEMDRを使わないほうがよいという意見もありました。しかし，そうした意見が理由として挙げていた点については，その後にたくさんの研究と臨床実践が合同で行われ，ほとんどが工夫次第で避けられるとわかりました。こうして，今では，解離性障害，統合失調症，双極性障害，知的障害などの症状の治療にも，EMDRを組み込んで使うようになりました。

EMDR治療を謳うセラピストは大勢いますが，トレーニングをどこまで受けたかは人によって違います。EMDRを使った治療をするためのトレーニングにはレベルがいくつかあります。レベル1だけを受けたセラピストができる治療は限られていますが，より応用的なレベル2のトレーニングを受け，さらにトレーニングと実践を積んだセラピストなら，EMDRを使える範囲もぐんと広がります。

ただ，もしもあなたが何かの医学的な問題，特に神経的な問題を抱えているのなら，EMDRの治療を始める前に，必ず主治医の先生に相談しましょう。

「EMDRの前に，もう何年もいろいろと治療方法を試していたので，心理学も，心理療法も，他のセラピーも，ア

ウェアネスも経験していました。いちばん力強かったのは，アウェアネスのクラスでしょうか。そのとき以来，もっとずっと広く深く探れる方法を探していました。それまでの治療でも，奥底に何かの問題がある手応えを感じていました。それから，問題の中にどうしてもはっきりしない空白の部分があるのも。だから，記憶の細かいところまで一つ一つ探れる方法が必要だったのです。空白の部分が鍵だと，どこかで知っていました。自分に向けて発し続けてきた数々の問い……テーマは，私はどのようにして今の人格になったのか？　鍵を手に入れれば，答えがわかるはず。答えがわかれば，人生のすべての領域で変わるための力を見つけられるはずでした。

　大学3年のときに治療を受けていたセラピストは，たしかにつらい瞬間を乗り越える方法をいくつか教えてくれましたが，結局最後に信頼できなくなってしまいました。その後にも大変なことが重なって，セラピーにはあまり乗り気ではありませんでした。たくさんのセラピストに会いましたが，話をしていると自分が間抜けに思えてくるのです。みんな，細かい点で私が何をしたとか，しなかったかとか，たとえば私がセッションに遅刻したなどといったことをセラピーの間中指摘し続けて，それがいかにも重大な何かを示していると納得させようとするのです。必ずしも間違っているとはいいませんが，私の場合，セラピストがそれをフロイトの理論や他の意味につなげようとしているのを感じました。あとはただ，何度でも同じ物語を繰り返して，語り聞かせの技術に磨きをかけるだけでした。もう十分上

手だったのに。EMDRで気持ちが変わったときは，それまでのどの経験とも違いました。

EMDRを使った治療は，短い時間しかかかりませんでした。それに，底知れなく怖い部分もありました。ひとつには，取り組まなければいけないとわかっていても触れるのさえ恐ろしい記憶がたくさんあったのです。もうひとつは，仕組みもいまいちよく理解できない馴染みのないものを使うのです。それなのに，治療を終わってみると，こんなに生き生きとした感じがしたのは，まちがいなくここ数年で初めてでした。

私は美しい女性で，それは子どものころから気がついていました。でも，意外にも，いつも身ぎれいにしている資格があると感じはじめたのは，ほんの最近です。それまでは，身づくろいをするのに『波』があって，自尊心が低くて，自分を表現しようとはなかなか思いませんでした。EMDRを使って，子ども時代の出来事を探ってみました。完璧だと思っていた子ども時代。少なくとも，農村共同体の幼いメンバーとしては理想的で牧歌的でした。すると，覚えてもいなかったある出来事がよみがえってきて，その後で人生が思いがけず変わったのです……。

EMDRを始めると，いちばん幼少のころの記憶の断片が，目に浮かぶ情景になって流れてきました。ちなみにEMDRの治療中は，予想とは異なり催眠は使わないで，振動する小さなボールのような道具を両手にひとつずつ持って目を閉じていました。記憶の全体がよみがえってきました。幼いころ，私はキブツと呼ばれるイスラエルの農村共同体の

中で暮らしていました。あるとき、キブツの他の子どもたちが私をからかいました。何を食べたかを神にかけて大人にはぜったい話さないと私に誓わせてから、自分たちで作ったものを食べさせました。食堂にあったライスと、おそらく、ミミズを混ぜたものです。この出来事が、私を内側から『蝕んだ』に違いありません。セラピーで出来事を思い出して、話したら、人生が変わりました。それまでは、どうしてかはわからないけれど、ともかく自分に価値を感じられないでいた。それが急に奥底で何かが自由になって、私は変わった、という感じです。

　身体の内側へのこのひどい仕打ちから、特に自分を表現することについて『隠さなければいけない』、抑えなければいけない、と信じるようになったのだと思います。何が起きたかは誰にも話せませんでしたから（だって約束したのですもの！）。出来事の直後にも、それからの何年間にも腹痛に苦しみ続けましたが、成長期に誰もが感じる痛みだろう、生まれつきの問題か何かだろうと自分に言い聞かせて納得していました……本当の理由は、完全に抑圧しました。

　このセッション以来、お腹が痛くてつらかった数々の記憶には苦しまなくなりました。幼い日の純真な約束、私の身に起きた悪い出来事については絶対に誰にも話さないという自分への約束、その縛りを振りほどきました。そして、自分にとっていちばんよいと思うものを選べるようになりました。このときから、奥底で自分との関係が何か大きく変わったのを感じます。最近、自分自身とうまくコミュニケーションできるようになった気がします。それに、私の

中にいるあの幼い女の子が急に愛おしくて抱きしめたくなりました。あの女の子は，今でも私のかけがえのない大切な一部です。20年以上も前に失っていたものが，思いがけず戻ってきました。私はもっと美しくなったみたいで，自信が湧いてきました。

　たぶん，秘密を守ってキブツの他の子どもたちをかばったあの幼い女の子は，自分自身を見せることは本当にいけないことだと感じて，それからもそう感じ続けなければいけないと考えたのだと思います。身も心も消耗するその義務から解放された瞬間，安心できなかったこの20年あまりがふと過去になって，生きる力と自由が一気にあふれ出てきたのです。うら若い女性（私！）は，自分らしさをそのまま表現し，ありのままの自分でいてよいのだと感じられるようになって，そうしたものが自然な美しさの中にやっと表れたのです」

第3章

過去から自由になろう——
患者さんたちと EMDR の物語

本当の問題はどれ？

ジョシュ

 40代のジョシュは，友人に勧められてセラピーに来ました。妻の浮気の証拠をつかまえて以来惑い続けること数カ月，彼は離婚するべきかどうかを決められずにいました。考えが，行ったり来たりしました。離婚したら子どもたちは大丈夫か，経済的に不安定にならないだろうか。でも，信頼できない相手とこのまま夫婦関係を続けても，先がどうなるか見えないし。頭の中を考えがめぐったまま何カ月も過ぎ，そこへ従来からの心理療法のカウンセリングが効果むなしく痛みだけを添えていました。

 そうこうしているうちに，精神的にもどんどん参ってきました。不眠にはなるし，健康の問題もありました。何よりも仕事に集中できなくなってしまったので，ただでさえ大変なところへ，クビになるのではないかという心配まで重なりました。

どうみても問題は，離婚するほうがよいかどうかではなく，ジョシュがどちらかに決める強さを持つという点でした。決断して，決めた以上はその道をしっかり進んで何が起きても逃げない，というだけの力がジョシュになかった点です。

　そこでジョシュのセラピーの第一目標は，離婚するかを決めることではなく，決断をして，その後に何が起きても向き合えるだけの強さを身につけることになりました。初めの3セッションで目の前の危機に取り組むと，ジョシュはよく眠れるようになりました。続く数週間は，EMDRを使って幅広い出来事の記憶を処理しました。どの記憶も，かつてジョシュの胸に「ぼくは弱い」「他の人の言いなりになっている」「力が足りない」などの思いを残した出来事です。ジョシュには決断する強さこそありませんでしたが，セラピーを進める中で利用できる力と強さをたくさん持っていました。そのため彼はセッションのたびに過去の出来事を着実にこなしていけました。

　ジョシュの人生にはいろいろなことがありました。小さいころに家族の中でいつも妹と比べられながら育ったこと。幼いころに斜視があって，周りからからかわれたこと。母親がジョシュの意見を全く聞かずに一方的に何でも決めていったこと。ガールフレンドに振られたこと。別な人にも振られたこと。……ジョシュはたくさんの出来事を一つ一つ処理していきました。ジョシュは，セッションを終えるたびになんだか「前よりも背筋をしゃんと伸ばして立っている」気がすると話しました。

　セラピーを始めて3カ月経ったときです。妻の浮気相手だった人とジョシュは鉢合わせしました。ジョシュは，それまでの

ようには縮み上がらないで,「ありがとう!」と言ってそのまま胸を張って歩き続けました。EMDR のセラピーを受けてからというもの,ジョシュは自分が弱いとはもう感じず,今ではすっかり何でもどんどん決めて結果を引き受けられるようになりました。見下されて屈辱を感じ続ける人生はもう嫌だと思ったジョシュは,やがて妻に離婚を申し立てました。

アーノルド

　45 歳のアーノルドがセラピーを受けに来たのは,わりと軽い気持ちからでした。どうするかを決めかねていて,短いセッションを 1, 2 回受ければ解決するだろうと思うちょっとした具体的な問題があったのです。すなわち,浮気をするかどうか。セラピーでは,これから始まるかもしれない新しい関係を扱う前に,まず今の関係について聞いてみました。すると,アーノルドは,妻との苦しい関係を語りました。お互いにちっとも尊敬しておらず,侮辱し合い,どちらの側からも言葉の暴力さえありました。妻との関係を馴れ初めからたどって話してもらうと,結婚前からすでに苦しい関係だったとわかりました。

　アーノルドに尋ねました。これまでに二人の関係に赤信号が点いているのにはっきり気がついたことがあったか? 気がついていたのなら,どうして今まで別れなかったのか?

　質問への答えを聞くうちに,アーノルドの自尊心がこれまでずっと低くて,なかなか自分を主張できずに生きてきたのがわかりました。そこで,セラピーの目標を設定しなおしてみましょうと提案しました。浮気するかどうかを決めるのがセラ

ピーに来たきっかけだったけれども，それにはこだわらないで，むしろ，一種の劣等感のようなもの，つまりアーノルドの中にある「他人の世話になっている奴は，選ぶ権利がない」という気持ちを変えようと。

EMDR では，初めの 1～3 セッションほどを使って治療計画を立てるのが通例です。しかしアーノルドの場合は，すぐに問題の大元を見つけて処理し始めました。幼いころに他の子どもたちにからかわれた，家族の中で無視され虐待された，という出来事の記憶がありました。それから，心のどこかにいつも罪悪感がありました。処理を進めていくと，先に答えが出ていて，それから本当の問題に関連して答えなければいけない問いがあることがわかりました。もちろん，浮気をするべきかどうかではありません。アーノルドが苦しさから解放されるために答えなければいけなかった問いは，「自分はどんな人生を生きたいのか？ 誰と人生をともにしたいか？ 人生を分かち合う人たちとはどんな関係でいたいか？」でした。

セラピストから一言
セラピーにいらっしゃる患者さんの中には，何かに煩わされたまま身動きが取れなくなってしまったけれどもなぜ動けないのかがどうしても理解できない，という人がたくさんいます。そうなるのは，「問題が隠れている」場合が多いからです。つまり，煩わされていると思っていた物事が本当の問題ではないのです。注目すべき点が的の中心からずれてしまっているため，その何かを解決しようといくら頑張っても，動けるようにはなりません。

たとえば，大きな決断をしなければいけないのにあれこれ考え続けてどうしても決められない，といって訪れる人たちがいます。あれこれ考え続けるのも苦しいですし，考えがいつも頭から離れないのにも悩まされます。何時間も気をもみ続けたまま，いつまで経っても決める力が湧いてきません。こうした患者さんの場合，少し質問をすると大抵すぐにわかるのですが，今，物事を決められないで苦しんでいるのは過去の出来事に関連したもっと深い理由からきている症状によるもので，心の奥に，たとえば「間違うのが怖い」といった恐れの感情が本当の問題として隠れているためなのです。その感情さえなければ，方法をいくつか試してから決められるのです。「自分を信頼できない」という感情が隠れている場合もあります。「自分を信頼できないのに，自分の決断を信頼できるはずがない」という考えに陥って，決められなくなります。ジョシュのように，決断したとしてもその後に起きることを引き受けられそうもないというケースもあります。

　本当の問題を正しく捉えると，問題を生み出している元の記憶の塊を見つけられます。それが見つかれば，記憶を一つ一つ切りだしては処理して，塊全体が融けてしまえば，身動きが自由になります。

　では，目の前の苦しい問題が本当の問題なのかそれとも単なる症状でしかないのかは，どうしたらわかるのでしょうか。それを知るには，患者さんの人生を見わたして，他の領域で何が起きているかを探る必要があります。ナンシーのケースをご紹介しましょう。

ナンシー

20代のナンシーは，短いカウンセリングを受けて，自分が実のところどちらを好むのかを見極めようとしていました。つまり，男性か，女性か。カウンセリングの中で，人生の他の領域で大切な選択をするときにはどうするのか？　たとえば進路はどう決めるのか？と尋ねてみました。するとナンシーは答えました，「不思議ね，そんなことを聞くなんて。というのも，実際に私は今，大学に進むか専門学校にするかを決められないで大変なのです」。ナンシーの考えが堂々めぐりしていたのは，それがとりわけ性的指向にまつわる決断だったからではなくて，むしろ「間違うのが怖い」という気持ちが奥底にあったためでした。セラピーでこの恐れの感情に取り組むと，ナンシーは，男性が好きなのか女性が好きなのかを決めるのは重要ではなく，またあらかじめ決めておく必要もない，と気がつきました。

別れだってトラウマになる

エヴァ

27歳のエヴァがセラピーにきたのは，ボーイフレンドと別れた後でした。真剣な交際をしたのはその人が初めてで，二人の関係はエヴァが18歳のときから続いてきました。それでも，別れる前の数カ月は，関係がだんだんギクシャクし始めていました。

二人が休暇を海外で過ごしていたときです。帰国ももうすぐという日になって，ボーイフレンドがエヴァに別れると告げま

した。そう言われても，そこはまだ海外です。知り合いは，別れたがっているボーイフレンドだけ。友人も家族も遠くにいて心は通じません。エヴァにとってそれはトラウマ的な経験で，そのときの驚きとショックは何カ月も静まりませんでした。帰国してからも普段通りに生活ができなくなって，不安を感じる場面や範囲がどんどん広がりだしました。はじめは元ボーイフレンドを思い出す場所にいると苦しくなり，そのうち苦しい場所がその周辺へ，その界隈全体へと広がりました。とうとう，元ボーイフレンドが住んでいる街そのものにもほとんど出かけられなくなってしまいました。

　こんなつらさは初めてです，とエヴァは話しました。つらさだけでなく，今心にある「私には価値がない」という感じと悲観的な気持ちも過去には経験がありませんでした。それまでのエヴァは，むしろ逆にとても楽観的で自分の価値を信じていたのに，突然状況が何もかも変わってしまったようでした。

　セラピーでは，ボーイフレンドとの関係がだんだんギクシャクしてきていたころのめぼしい出来事の記憶を処理しました。EMDRの治療は，まず，わりと最近に起きて今も続いている出来事の記憶に取り組むための手順に沿って行いました。次に，不安や逃げ出したい気持ちといった症状を引き起こす現在の「きっかけ」をいくつか具体的に見つけて取り組みました。それから未来に目を向けて，元ボーイフレンドに会ってもつらさを感じないでいられる力をつけて，他の男性とおつき合いし始めることについて取り組みました。セッションを重ねるうちに，エヴァは広がってしまった不安を解消し，それまで避けていた場所へもまた出かけられるようになりました。セラピーは

全体で数カ月かかりましたが、治療を終えてみると、元ボーイフレンドを見かけても以前の苦しさを感じなくなりましたし、別な人とも前向きな気持ちでおつき合いしてみようと思い始めました。

セラピストから一言

　トラウマの症状は、必ずしも事故やテロや大病といった生命に関わりかねない出来事の後にだけ現れるわけではありません。気持ちが休まらない、怖い考えが頭の中をめぐり続ける、悪夢を見る、フラッシュバックにおそわれる、つい避けてしまうといった症状は、感情が大きく揺さぶられるつらい出来事を経験した後に現れる可能性があります。出来事があまりに強烈だった、あるいは自分が若かった、弱かった、不調だった、油断していて不意を突かれたなど、出来事をそのときにしっかり受け止めそびれると、その記憶だけが脳の中で「生」の状態のままカプセルに収められ、全体の記憶から切り離されて保管されるかもしれないのです。

　別れのつらさに苦しんでいる患者さんたちは、相手が戻ってきてくれないのならセラピーを受けても意味がないと思い込んでいる場合があります。この考え方は本当の問題を捉えておらず、治療の機会を逃してしまいかねないので間違いです。別れそのものはよくあるドラマで、たしかにつらいものですが、ほとんどの人がいずれ何とかして立ち直ります。別れの後に普段の生活を送れないほどつらくなってしまう場合、悩ましいのは「振られた」出来事ではなくて、人生を先に進み続ける力がなくなってしまう点です。生きる力を失う背景には、うつ病のよ

うな病が潜んでいるケースもありますが，その他に「私は誰からも好かれない」「誰も信頼できない」といった否定的な信念がもっと古い出来事から発生している場合も多いです。そうした過去の経験やそこから生まれるマイナスのメッセージは，セラピーの中で必ず見つけられます。見つけたら，記憶を最後まで処理することによって，苦しい気持ちを和らげることができます。

エリック

　エリックは，妻の裏切りに遭って相談にきました。彼の妻は他の男性と浮気したのではありません。しかし妻は，エリックに相談しないまま夫婦しか知らないはずの内容をこと細かくブログに書いて，エリックの信頼を裏切ったのです。エリックは妻を許して人生を先に進もうと何度も頑張ったのですが，何が起きたかを考えるたびに，ブログを見つけた瞬間の強烈な気持ちが鮮やかによみがえってきました。「フラッシュバック」におそわれて，思考が割り込んできて，先に進みたいと思うのにどうしても進めないと感じました。セラピーでは，ブログを見つけた瞬間の記憶を処理しました。トラウマ的な記憶はどれもそうですが，エリックの治療でも，処理が済むと出来事の記憶に伴っていた気持ちに悩まされなくなりました。その気持ちを覚えてはいるのですが，生々しさが消えて，過去のものに感じられるようになったのです。エリックと妻は，別れずに人生を一緒に歩みながら，信頼関係をもう一度築いていこうということになりました。

セラピストから一言

　カップルの片方が浮気をした出来事の記憶は，EMDRで処理できます。処理したからといって，二人の関係が続くと保証するものではなく，不幸にして関係が終わるときにも未練が残らないとは限りません。こうしたケースで記憶を処理するのには，二人の関係が日に日に険悪になっていく時期のつらさや，浮気や別れそのものに伴う苦しい感情にいつまでも悩まされなくする意味があります。記憶をしっかり処理すると，出来事をめぐる考えが頭から離れない，フラッシュバック，当時のままの強い感情に悩まされる，などの症状がなくなります。そのメリットはとても大きく，別れるとしても，二人の話し合いで決められるようになります。たとえば子どもがいるケースでは，別れのプロセスがより穏やかに進められ，親権者や親子の面会のルールづくりで揉めないですむでしょう。

　私のところへもときどきいらっしゃいますが，離婚するまでのプロセスでセラピーに通わなかった人たちや，通ったとしても従来からの対話療法を繰り返して，状況がどんどん苦しくなっていく中でただセラピストに寄り添ってもらっただけの人たちがいます。そうした人たちは，離婚しようとしている相手と話をするだけのために，高い報酬を払って弁護士を雇っています。EMDRを使ったしっかりしたセラピーを受けると，強い感情に振り回されなくなり，大抵はそんな騒ぎを避けることができます。ひょっとしたら，元パートナーと今のパートナーが話し合う場さえ設けられるかもしれません。もちろん，侮辱された，傷つけられた，といった強い感情を伴わずに。

　両親の離婚が子どもたちに与える長期的な影響を目にする機

会がよくあります。子ども時代に親の離婚を経験した人たちが，30代，40代になって私のところへいらっしゃいます。彼らの中に，両親の離婚の影響が今でも尾を引いているのがはっきりとわかります。マイナスの影響は，大抵離婚そのものよりも，離婚に関連した出来事の記憶から来ています。たとえば，親同士の争いが絶えなかった子ども時代全体や，苦しむ親の姿を目の当たりにした経験などからです。そうした状況は，子どもの中に，「親の負担になってはいけない」という気持ちを生むかもしれません。また，苦しさの元が親の発言にあるケースもあって，たとえば一方の親がもう一方の親について悪く話したり，子どもに向かって「あなたがいなければ，私は自殺していた」と言ったりした出来事などが考えられます。そのような発言を聞いて育った子どもたちは，大人になってからも家庭を心から安心できる場所と思えずに苦しみます。こうした経験はどれも，自分について，また世界について否定的な信念を生み出し，それがいつまでも悪さをし続けかねません。しかし，そうした信念は EMDR で治療できます。

積り積もってしまった記憶──養分を与える記憶

　EMDR では，現在何かの症状に煩わされ続けているのなら，症状の元になっている過去の記憶で，出来事が起きたときにタイムリーに処理しそびれたものがあるはずだと考えます。さらにいうと，そうした記憶は大抵たくさん積み重なっていて，過去の記憶に，もっと古い過去の記憶が「養分を与え」ています。

ロイ

　35 歳のロイは，同性愛のパートナーの男性と一緒に暮らしていました。そのことをあるとき母親と弟にカミングアウトしたのですが，父親にだけはどうしても怖くて打ち明けられずにいました。自分の性的嗜好が問題なのだ，とロイは思い込んでいました。ところがこの考えは間違っていました。しかも，このことがロイの抱える本当の問題に気づきにくくして，彼の身動きをいっそう取れなくしていました。

　ロイの心を探ると，性的嗜好を父親に打ち明けにくくしているさまざまな妨げの中に，自分が他の人と違っているのが怖い，自分の性的嗜好が恥ずかしい，父親を守りたい，実の父親なのに怖くてたまらない，という要素があることがわかりました。他の人と違っているのが怖いという気持ちに関連した記憶の連想の先にあったのは，幼稚園時代と，どもりがあったために他の子どもたちにからかわれた出来事でした。性に関連したマイナスの気持ちは，子どものころに自慰にふけっているところを両親に見つかったときの記憶とつながっていて，それ以来，性を恥ずかしさと結びつけて考えるようになっていました。特に父親にだけ打ち明けられずにいたのには，息子が同性愛者だと知ったら父親が健康を損ねるかもしれないという理由もありましたが，その信念の元をたどると，父親がわりと最近に心臓発作を起こしたという事実がありました。この記憶はそのときにしっかり処理しきれておらず，ロイは，いまだに，ほんのちょっとしたことで父親がまた発作を起こすのではないかと恐れていました。そして，父親を怒らせるのが怖くて仕方ないという気持ちは，ロイがまだ幼いころに父親が怒りを爆発さ

せては家族に向かって物を投げた数々の記憶が生々しく残っていたところに起因していました。セラピーでは，こうした妨げの要素を扱いながら，それぞれについて苦しさの元になっている出来事の記憶を見つけて最後まで処理を完了していきました。そんなセッションをいくつかこなすうちに，やがて，ロイは自分の性的嗜好をそれほど抵抗なく打ち明けられるようになりました。

シャロン

30歳のシャロンは，恋愛関係がどうにも不器用だということで相談にきました。セラピーでは，12歳で初めて男性と交際して振られたときの記憶から取り組み始めました。シャロンは，その経験が元になって自分に価値を感じられなくなったと感じていました。彼女が言うには，「まだ12歳だったのに，どうしてこの人は私に価値がないなんてすでに知っていたのでしょう。礼儀正しくけじめをつけたわけでさえないのよ，友人を通して適当に伝言してきただけですもの」。若いころのこの記憶はひとまずしっかり処理しましたが，シャロンの自己評価の低さに加担しているもっと古い記憶がありそうだと感じました。シャロンには，この失恋を自分の価値と結びつけて考えるのは間違いだけれども，実際に結びつけて考えてしまったのはそう考えさせるだけの土壌があったからで，そうでなければもっと違った考え方ができたはずだと説明しました。たとえば，「おやまあ，もう12歳なのに，彼ったら子どもっぽくて，自分で伝えることもできなかったのね」とか「見て，あの間抜けぶり。何て臆病なのかしら。自分で言いに来ることさえでき

なかったわ」という風に。

　シャロンが「私には価値がない」と感じ始めたいちばん幼いころの記憶に取り組まなければいけませんでした。そこから発生しているこの気持ちが，シャロンのその後の恋愛関係で悪さをし続けていました。

　「私には価値がない」という気持ちから連想をたどって，幼いころに姉や弟と比較された出来事の古い記憶をたくさん処理しました。そうしたとても古い記憶に伴って感じていた「私には価値がない」という気持ちが奥底にあったからこそ，12歳のときの失恋がそれほど大きく心をかき乱したのです。土壌がすっかり整っていたところへ訪れた失恋という経験が，元から感じていた否定的な信念をますます裏づけるかに見える状況を作りだしていました。シャロンの苦しさの大元になっている記憶を見つけてしっかり処理すると，彼女は恋愛関係をずっと上手にこなせるようになりました。

レイチェル

　40歳のレイチェルは，再婚した夫との関係がなかなかうまくいかずにストレスになっていて，相談にきました。夫と言い争っているときには，ずっと罪悪感があるとも話しました。レイチェルのセラピーでは，ストレスと罪悪感を解消すること自体はそれほど難しくなかったのですが，その前に，1回目のセッションの中で連想された3歳のときの出来事の記憶を処理しようとしてもらうのにちょっと苦労しました。レイチェルにはかなり古い記憶でも，その後の出来事の記憶に養分を与えているかもしれないので処理する意味があるのだと説明し，納得

してもらいました。それは，プラネタリウムに出かけたときの記憶でした。3歳のレイチェルが驚いて泣き出すと，両親が彼女を連れ出して怒鳴りつけたのです。そのときに感じた強い罪の意識を，彼女は今でもありありと覚えていました。40年近くも生の状態のまま抱き続けた記憶をしっかり最後まで処理すると，大きな声で怒鳴られるたびに再体験していた罪悪感が消えました。ずっとあった罪悪感が消えた心で夫のところへ戻ると，二人の関係はよくなりました。

セラピストから一言

　EMDRは見事に効く治療法ですので，セラピー全体でいちばん難しいのは，記憶の処理そのものよりも，むしろ幼いころまでたどって古い，生の記憶を呼び出さないといけない点を患者さんに納得してもらう部分になります。いろんな問題の核となる出来事がとても幼い時期に起きているケースは実際に多くて，そうなるのにもちゃんと理由があります。ひとつは，幼いころは身の周りで起きる物事を何でも自分と関連づけて考えがちな点です。小さな子どもならこう考えるかもしれません，「お父さんはどうして怒鳴っているのだろう。たぶん，ぼくが何かまずいことをしているんだ」。子どもには，父親が上司から気に障る何かを言われたのだろうとか，お母さんがした何かで機嫌を損ねたのだろうとか，家計のやり繰りを心配しているのだろう，などと思いめぐらせる力がありません。だから，幼い子どもの場合，周りで起きる物事の原因は自分にあると考えやすいのです。もうひとつの理由は，子どもである以上，何かが起きたときに対応するために使えるものを，人間関係にせ

よ，お金にせよ，考え方にせよ，大人ほどたくさん持っていません。そのため，受け止めきれない出来事も当然多くなります。大人になれば受け止められる出来事でも，子どものうちに起きると，そのときに受け止めきれなくてトラウマ的な記憶になりやすいのです。EMDRがすばらしいのは，こうした初期の記憶をどうしたらよいのかが患者さんにもわかる点です。EMDRが開発された今では，マイナスの印象を残した出来事の記憶を見つけたら，その時点まで記憶を巻き戻してしっかり最後まで処理すればよいのです。そうすれば，記憶から発生する症状や現在の私たちへの影響が変わります。もう，「子ども時代に起きてしまったことは変えようがないから，いつまでも振り回され続けるのだ」と考えて落ち込む必要はありません。

　連想をたどるうちに大したことではないと思っていた出来事の記憶が表れてきて驚く患者さんもいます。出来事が自分にどれほど影響を及ぼしているかは，なかなかわかりにくいものです。そこで，EMDRでは，記憶が注目するべきものかどうかを判断するために主観的障害単位（SUD：Subjective Unit of Disturbance）と呼ばれる尺度を使います。SUDは，記憶を思い出したときに心がかき乱されて嫌だと感じる強さを0〜10までの数値で表します。0は，心をかき乱されずに穏やかに思い出せる出来事の記憶。逆に10は，やっかいで，苦しみの発生元になっている記憶です。ちなみに，つらい出来事を覚えていること自体は別に構わなくて，何もきれいに忘れ去る必要はありません。要は，記憶に心をかき乱されなければよいのです。ある出来事についてSUDを評価するのは，出来事の記憶が心の中で生々しい状態かどうかを調べているといえるでしょ

う。生々しいようでしたら，間違いなく現在の人生に影響を及ぼしています。セラピーを始めたときにすぐに影響がわからなくても，治療を進めていくうちにはっきりします。

アラン

アランは24歳のとても痩せた男性です。体重がもうずいぶん落ちていたのに，どうしても自分がまだ太って感じられるということで相談にきました。セラピーでは，太っているという自分の認知を変える目標を立てました。EMDRを使って，「私の身体は損なわれている」という感じを生み出してアランを「苛んで」いた出来事を探しました。学校で他の子どもたちがからかった，学校で大汗をかいた，こっそり隠れて食べていた，といった記憶に取り組みました。他の子どもたちが普通は半分しか食べないコロッケをアランだけがいつも2つ食べていた，という記憶もありました。

ニール

ニールが私のところへ来たとき，彼は感情にまかせた暴食とその後の罪の意識に悩まされ続けて，太っていました。セラピーでは，自分が小さな子どもだったころの記憶を突きとめて処理しました。それは母親が姉に話しているのが偶然聞こえてきたのですが，とても幼いニールがテーブルの上に立ったら壊れたという話でした。それを聞いたニールは「ぼくは太っている」「太っているからダメなんだ」と感じるようになり，その気持ちが私のところへ相談にきた今まで続いていました。その記憶をEMDRで処理し終えると，自分の身体が嫌いだという

感じがなくなりました。そして，食べることは身体を嫌うつらい気持ちから注意を逸らす方法だったので，自分の身体を嫌わなくなると，食べ物に関連するつき動かされるような脅迫的な感覚も消えました。

セラピストから一言

　不安やストレスが伴う経験をすると，お腹が痛くなる場合があります。これは，消化器系が，身体の中でもストレスが高い状況で影響を受けやすい部分のひとつだからです。ストレスがかかると，血液が緊急事態に対応するために必要な組織に振り向けられて，消化器系に回る分が少なくなります。すると腹痛，吐き気，ときには下痢や嘔吐さえ起きるのです。この状態では，「お腹に穴が開いた」ような感じがするかもしれません。実際には奥底のストレスや恐れや感情面のつらさからきている感じなのですが，まるで本当にお腹が空いているかに思えるかもしれません。こうした偽の空腹感があると，感情面のつらさから逃れようとして感情にまかせた暴食に走りやすくなります。

エイブ

　エイブは，なかなか自己主張ができない自尊心の低さと自信のなさに苦しんでいました。学校時代に周りにからかわれたりあら探しをされたりしてつらい時期を過ごしたものの，エイブの自己評価の低さは，もっと古くまで遡る一連の記憶からきていました。幼いころから16歳になるまで，彼は父親に殴る蹴るなどの暴力を振るわれて虐待されていたのです。16歳の

ときに，体格も父親より大きくなっていたエイブは，父を迎えうって，反撃すると脅しました。父親はそのときから殴らなくはなりましたが，言葉による暴力は続きました。EMDRを使って，自宅で暴力を受けながらだんだん自信を失っていった幼いころからの経験に根気よく取り組み続けると，エイブの自己評価が見違えるほど高くなりました。

セラピストから一言

トラウマ的な記憶は，私たちが自分の境遇に納得しつつ穏やかな気持ちで生きるときの基盤となる「全般的な記憶のネットワーク」からは切り離されていますが，また別なネットワークを作って，トラウマ的な記憶同士でつながっています。ですので，日常的な暴力のケースのように苦しい経験が長い間繰り返されていても，一つ一つの記憶を何百と処理する必要はなくて，いくつかを選んで処理すると他の似たような記憶にも効果が広がります。

袋小路

問題をどうにかしようとして解決法をいくつも考えてみたけれども，これはと思えるものがなく，苦しみ続ける患者さんがいます。しかし，検討していない方法がまだあるかもしれません。

イーライ
私はあなたに何をお手伝いできるでしょうかと尋ねると，45

歳のイーライは，自分が苦しんでいる問題に解決法があるとは思えないと答えました。難しくても受けて立ちましょう，と伝えました。するとイーライは言いました，「そうですね，こういうことです。もう何年にもなりますが，私はほとんど毎晩ベランダに座って，タバコを吸いながら考えるのです。うちの子どもたちは，本当は私の子どもではないんじゃないか，と。妻が浮気をした気がして，子どもたちと私は血がつながっていないかもしれないと考えます。でも，遺伝子検査は決して受けません。子どもたちが私生児とかいうことになって，問題を抱えてほしくないからです。だから，結局，毎晩ベランダに出てタバコを吸いながら考えるしかないのです」。セラピーでは，過去に戻って，妻が浮気をしたとイーライに疑わせた出来事が何だったのかを調べました。すると，大学で妻と出会ったときの記憶が浮かんできました。どうやら，同時期にイーライが読んでいた本の内容が関係していそうでした。その本の女主人公は，夫とは性生活がほとんどありませんでしたが，他の大勢の男性と浮気をしていました。このイメージがイーライの頭に入り込んで，離れなくなっていたのです。

　この記憶を処理した後で，産婦人科医が排卵日を推定して妻がいつごろ妊娠したかを伝えたときを思い出しました。2回の妊娠のどちらでも，妻が妊娠したと思われる日にイーライは国外にいました。でも，もうひとつ，その当時もこの問題が気になって調べて，医師が日にちを計算する方法は100％正確なわけではなくて数日の誤差があると知った点をも思い出しました。つまり，子どもたちがイーライと血のつながりがないという疑いを裏づける実際の根拠は何ひとつないのでした。イーラ

イが何年越しにも悩み続けてきたこの問題を解消するのに，3セッションしかかりませんでした。例の本の記憶と，妻が妊娠したと思われる日を産婦人科医が伝えたときに自分は国外にいたと考えた場面の記憶を処理すると，子どもたちがたしかに自分の子どもだという感覚が戻ってきました。遺伝子検査は必要ありませんでした。それからは，もうベランダに座ってあの古くて苦しい考えをいつまでも考え続けることもなくなりました。

セラピストから一言

イーライもそうでしたが，患者さんが強い不安に苦しんでいるケースがあります。たとえばこんな風に話すかもしれません，「抱えているローンが巨額で，万一クビにでもなったら返済しようがなくなって人生はおしまいだ。だから，クビになるのではないかとびくびくしながら一生過ごすしかない」。こうした不安でしたら，EMDRを使うと，上手に対処して苦しさに動揺しないですむようになります。不安は，失業するのをもちろん防いではくれません。むしろ，心に不安があると，のびのびと力を発揮できなくなってかえって失業しやすくなってしまうでしょう。そうした不安に振り回されないために効果があるのは，「万一好ましくない状況になっても，私ならちゃんと対応できる」という信念です。「たとえクビになっても人生はおしまいではない」という気持ちです。状況に自分で対応して新しい仕事を見つけられると信じられれば大丈夫です。この安定感と安心感は，EMDRを使って強められます。私たちは，元はといえば抱っこしてくれる人の腕の中で世界は安定してい

て安心できる場所だと感じていたのです。それを壊す幼いころの出来事,「私は弱い,自分ではどうしようもない,絶望的だ」という気持ちを発生させている大元の出来事の記憶があるはずですので,それを見つけて処理します。

レオ

25 歳のレオは,とても深刻なうつ病を抱えてやってきました。あまりにも深刻で,すでに一度は自分で首を絞めて死のうとしていました。でも,首に巻きついた紐を最後の瞬間にほどいて,精神科医のところへ行き,そこでセラピーを勧められて私のところへきたのです。「調子はいかがですか?」と聞かれると,初めの数セッションでは,「テロで死ななかったのが残念だ」「トラックに轢かれて死ななかったのが残念だ」と答えました。

レオは,うつ病になったのは自分が同性愛者だからだと思っていました。また,自分が同性愛者だという問題は一生変わらないとも信じていたので,理屈の袋小路に入り込んでいました。「うつ病になった理由を変えようがないのなら,苦しみ続ける道しかない」と考えていました。そこで,まず問題の考え方を変えなければいけませんでした。そもそも,同性愛者だからといってうつ病になる必要はありません。つまり,問題はレオの性的嗜好ではなくてうつ病そのものです。うつ病だから苦しいのです。うつ病ならセラピーで取り組めます。そうやって考え方を変えると,やっと希望の光が差してきました。

レオのうつ病の中心には,重要な出来事がそれなりにたくさんありました。両親が離婚で揉めて,自身の同性愛の面でもつ

らい経験をしていました。そうした出来事の記憶を次々と処理していくと，自殺したいと思う気持ちが消えました。

<u>セラピストから一言</u>

EMDRで記憶を処理するときには，患者さんが心に持っている安心できる場所のイメージや肯定的な信念などを利用します。そうしたものから力を引き出す，ともいえるでしょう。急性のうつ病の治療では，症状がトラウマ的な出来事からきていなくても，薬物療法と併せてEMDRを使うと役立つ場合があります。抗うつ薬の効き目が表れ始めるのを待つ間に，EMDRを使って，上手に切り抜けた過去の出来事の記憶を連想して肯定的な信念を引き出すと，患者さんが力づけられます。うつ病の治療もいくらか進んで患者さんの状態がそれなりに安定してきたら，またEMDRを使って，今度は過去のつらい出来事にも取り組めます。

レオもそうでしたが，うつ病がとても深刻だと，患者さんは負のスパイラルにどんどん落ち込んでいくように感じて行動しかねません。自分の運命はもう決まっているから学校や仕事へ行く意味がないと感じます。現実には，学校で勉強をしなかったり，仕事に必要な技能を身につけなかったりすると，先のない仕事にしか就けずに，本当にどこへもつながりません。それこそ，前に進む希望がなくて，大切にされずに，袋小路に閉じ込められた感じになってしまいます。

しかし，希望の光が差して楽観的になり始めると，道が拓けて，将来に向かって計画できるようになります。学校へ行き，もっとやりがいのある仕事を見つけ，人生の流れが大きく変わ

りはじめたのを感じられるでしょう。

目標が低すぎる！

　患者さんの中には，人生のさまざまなイベントに対して設定する目標が低すぎる方もたくさんいます。力を発揮できなくしている妨げが自分でどうにかできるものではないと思い込んで，高い目標をあきらめてしまっているのです。でも，そうした妨げには心理的な要素が関連しており，気持ちと関わる部分もけっこう大きいので，まだまだどうにかできる場合も多いものです。

　アリエル
　アリエルは29歳の男性です。自分の抱えている問題について彼が言うには，「ぼくには英語の学習障害があるのです。だから高校の卒業資格が取れませんでした。英語以外の単位は全部取れています。そこで，英語の単位も今から何とか取ってしまおうと決めました。ところが，夜間学校に通うことにしたものの，これが恐ろしく大変なのです。英語の教科書がどうしても開けなくて。いや，開くには開くのですが，すぐに閉じてしまうのです」。ぎりぎりでもいいから卒業がかかった試験に合格できるように助けてくれたら一生恩に着る，と泣きついてきました。
　漂い戻り法というEMDRの技法を使って，時間を現在から過去へと遡って取り組みました。この技法では，認知，感情，身体感覚のそれぞれの連想のチャンネルを通して出来事の記憶

に伴うさまざまな感じを引き出しながら，苦しさの元になった最初の出来事がいつ起きたのかを突きとめます。

　アリエルの過去を遡ると，幼稚園でヘブライ語と英語の二通りの書き方で名前を書く練習をしたときの記憶がありました。ヘブライ語では正しく書けたのに，英語で間違って，それを見た先生が笑ったのがとても悔しかったのを思い出しました。2セッションかけてこの記憶を最後まで処理すると，英語の教科書を開いて勉強を続けられるようになりました。ほんの数週間もすると効果は明らかで，アリエルは何時間も落ちついて勉強できました。数カ月後，アリエルから試験結果について電話がありました。得点は95点，順位は見事に一番でした！

ジョン
　ジョンは，何事にも自信がなくてなかなか決められないという悩みで相談にきていました。あるとき，まだセッションの途中でしたが，当初の相談をひとまず休憩にして，近々受けなければいけない全国統一試験と，特に数学への苦手意識に取り組みたいと言い出しました。すんなり解けない数学の問題にぶつかるたびに，まるで脳みそがゴムになったみたいな感じがして集中できなくなるというのです。

　アリエルのときと同じ漂い戻り法を使って，「数学が苦手で怖い」という気持ちを生み出した最初の出来事を探しました。目立つ記憶が2つありました。ひとつは，幼稚園のときに遊びの中で「ぼくはバカで何も理解できない」と感じた出来事。もうひとつは，小学校で低い点数を取ったときに先生から厳しいコメントをもらって嫌な気持ちになった出来事です。この2つ

の記憶を処理すると，もちろん魔法のように突然数学が得意になったわけではありませんが，じっくりと考えながら時間をかけて問題を解けるようになりました。脳みそがゴムになった感じはしなくなり，不安も消えました。セラピーで数学の苦手意識に取り組んだのはたった3セッションでしたが，その後も全国統一試験のたびに数学の得点が伸び続けました。難しい問題からも逃げないでしっかり取り組めるようになったので，目覚ましい結果です。なんと，全国で上位2%に入りました！

セラピストから一言

何かの学習障害があるとか，「どうしようもないのです。数学の才能がないのです」などと話す人たちがいます。そんな患者さんには説明をします。学習の大変さには，どうしようもない要素もたしかにいくらかあるかもしれませんが，普通は，治療できる心理的な要素もあります。どうしようもない要素として何が残るかがわかるのは，心理的な要素に取り組んでからです。学習障害に苦しんでいる人には，学習面で失敗を繰り返した歴史があるもので，その経験から不安や間違った思い込みが発生しています。そうした生々しい気持ちがあるだけでも，学習する力を大きく妨げて，本来の力を出し切れなくしています。

気づいても，処理しなきゃだめ

アーロン

私のところへ相談にくるまで，アーロンは，自分が周りにい

る誰彼へとなく「迷惑をかけている」という感じを抱えて生きてきました。妻に何を頼むにしても，「迷惑をかけるかもしれない」と考えて，ひどく気を遣いました。職場で自分から上司に話しかけるなんてことは，「迷惑になるかもしれない」ので絶対にありえませんでした。かかってきた電話に折り返すのさえ，「今電話をかけると迷惑かもしれない」からと，なるべく避けました。アーロンは，セルフ・アウェアネスのクラスに何度か参加していて，この気持ちをいつどのようにして感じ始めたかを完全に理解していました。でも，知っていても，どうしたらよいかがわかりません。気づくだけでは，何も変わらなかったのです。

　4歳のときの記憶でした。アーロンはベッドの中から母親を呼びました。すると父親が来て，アーロンを平手打ちしてから，「迷惑をかけるな！」と怒鳴りました。あまりの怖さに，彼はベッドの中でおもらしをしたまま，そのことを両親に教えることさえできませんでした。この出来事のときに，アーロンの中で，強い恐怖と「迷惑をかけている」という気持ちが結びつきました。それからは，誰かに迷惑をかけているかもしれないと感じるたびに，今にも何か悪いことが起きるのではないかという強い不安も一緒に掻き立てられるようになりました。出来事の記憶を2セッションかけて処理しました。処理の途中ではトラウマ的な記憶に伴う強い感情を吐き出す除反応がたくさんありましたが，処理が完了すると，アーロンは，周りの人に迷惑をかけていると感じないで生きられるようになりました。

セラピストから一言

　全般的な記憶のネットワークから切り離されて別に保管され続ける未処理の記憶に触れると，生のイメージや感じだけでなく，記憶が作られたときの年齢のままの理屈や理解も一緒によみがえって，除反応と呼ばれる状態が起きる場合があります。たとえば30歳の人でも，未処理になった6歳の記憶に触れると，6歳の理屈のレベルのまま「ぼくは，近所の家からリンゴを盗んだ悪い人間だ」と話すかもしれません。記憶を最後まで処理すると理屈や理解が変わって，現在の年齢相応に，「単にリンゴひとつの話。何であんなに真剣に悩んだのだろう」と考えるでしょう。

　また，40歳の人が「どうしよう。おばあさんがあんなに大切にしていた花瓶を割ってしまった！」と考えて涙をこらえられなくなったとき，その人は実際には7歳のときの記憶と理屈に触れています。記憶を最後まで処理すると，「おばあさんには申し訳なかったけど，ただの花瓶だし，わざと割ったわけではない」と考えられるでしょう。EMDRで処理する前は，記憶の内容は元の出来事が起きたときのままですので，知覚や気づきや理屈も含めて当時と同じ経験になります。私のところへ来た40歳の患者さんは，「私は弱い」「私には資格がない」と感じる気持ちの大元の記憶を処理しているときに，急に泣き出しました。3歳のときに2歳の弟とおそろいの服を着せられて周りから双子だと思われて感じた恥ずかしさと自分の価値が落ちていく感じを思い出したのです。こうした気持ちが35年間も生々しいままつきまとっていたのですが，記憶を処理するセッションを1回行うだけで消えました。

リア

　リアが30歳で相談にきたときには，セラピー歴がすでに15年！　精神力動療法を試し，認知療法も受け，その他にもいろいろやってみて，とうとうそれ以上方法を思いつかなくなっていました。毒にも薬にもならない治療法もあれば，かえって苦しくなるものもありました。リアはつらい人間関係のパターンに苦しんでいましたが，どのセラピーも苦しいパターンを解消できているようには思えませんでした。セラピストの中には，リアが覚えていなくても過去に性的虐待の被害に遭ったに違いない，彼女の行動パターンはそれからきているのだ，と言う人が何人かいました。でもそんな助言をされたところで物事がさらに厄介になるだけで，リアはますます苦しくなりました。実際，リアは記憶にもない性的虐待の被害者ではありませんでした。リアは人生のわりと早い時期に起きた傷つく出来事をいくつか覚えていました。ただ，よくあることですが，リアの場合にも，こうした幼いころの出来事に気づいているだけではほとんど何も変わらなかったのです。EMDRと出会って，出来事の記憶を最後までしっかり処理すると，やっと結果が大きく変わりました。ずいぶん苦しみながら15年かけてできなかったことが，EMDRを初めて数ヵ月でできただけでなく，その後も生きづらさからどんどん解放されていくようでした。

セラピストから一言

　リアの15年というセラピー歴は，実はそれほど珍しくはありません。もっとずっと長く治療を続けてきた患者さんの話も耳にしますし，私が実際にお会いした患者さんの最長記録

は25年です。それだけ長い間従来の治療を続けても苦しさが和らがないと，どんな治療も無駄だ，すべての治療が失敗だった，と悲観的に結論したくもなるでしょう。でも，それは違います！　まずは，今受けている治療がいくらかでも効果を発揮しているのかどうかを知る方法があります。治療の効果を判断するための規準を，付録Fに載せておきます。たとえばある患者さんは，私のところへくる前に，セラピーに通ったりやめたりを繰り返しながら17年を過ごしました。その間，毎週のように，つらい気持ちを抱えてセラピーへきてはセラピストの腕の中で泣き崩れ，束の間ほっとして……またつらい気持ちが高まって翌週のセラピーへくるのでした。同じサイクルがいつまでも続きました。こんな治療は，効果があるとはいえないでしょう。私は，ほんの束の間しか楽にならず，効果が1週間も持たないセラピーは本物だとは考えませんし，あなたにも考えてほしくありません。でも，問題の大元を見つけて過去が現在や未来に悪さをしないように取り組むセラピーなら，とても意味があると思います。

　心理療法とは少し違っても，自己啓発やコーチングなどのセミナーを受けて気づきを高めてきた人たちは，自分の人生に影響を及ぼす重要な出来事にすでに気づいているので，EMDRを使った治療も早く進みやすくなります。つまり気づいているだけではだめだったけれども，EMDRを使って必要な「もう一押し」をすると，人生が変わるのです。それまでにも気づきに取り組んできた患者さんは，「出来事のリスト」をもって用意万端整えてセラピーへ来るといえるでしょう。あとは，リストに沿って次々と記憶を処理します。

では，現在の苦しみが過去のいつの時点から始まったかがわからない患者さんはどうなるでしょう。そんな患者さんでも，重要な記憶は簡単な方法で見つけられるので大丈夫です。きっかけの出来事を知らなくても，セラピーを始められます。初めの1～3セッションほどを使って，現在の苦しさと妨げの感じにつながっている主な出来事の記憶を時間に沿って並べながら治療計画を立てます。

不幸にも結びついてしまった記憶と感情

ヤコブ
　30代のヤコブは，感情を表せずに苦しんでいました。過去を遡ると，7歳の記憶がありました。弟が洋服箪笥の上から床へ落ちたときです。動揺して不安な気持ちが高ぶって泣き出したのを覚えていました。すると，父親が大声で「めそめそするな！」とヤコブに怒鳴りました。そのとき以来，ヤコブの中で感情を表すことと嫌な気持ちとが結びついてしまって，感情をなかなか表に出せなくなりました。感情表現が，嫌な気持ちを伴った過酷な記憶をよみがえらせる「きっかけ」になってしまったのです。7歳の出来事の記憶を処理すると，ヤコブはもっと自由に感情を感じて表すことができるようになりました。

ルーシー
　離婚して独身の40代女性，ルーシーのケースも，記憶と感情がとてもやっかいな結びつき方をしていました。1年ほど前

です。ソファーでうたた寝をしながらエロティックな夢を見ていました。たまたまそのときに電話が鳴って，出ると，身内が亡くなったという知らせでした。うたた寝中で心も無防備なときに起きた出来事だったので，性的な気持ちや考えと不安が結びついてカプセルに収まってしまいました。それ以来，性的に興奮するたびに不安も高まり，逆も然りで，不安になるたびに性的にも興奮するようになりました。ルーシーの場合，性的な興奮と不安の気持ちがどちらも「きっかけ」になって，未処理のトラウマ的な記憶を呼び出して，出来事の瞬間に経験していた感情，考え，身体の中の感じが生々しく蘇ってくるのでした。

部分的解決か本物の解決か

　苦しさが和らいだのが部分的または表面的に過ぎないのか，それとも大元を捉えてしっかり問題が解消されたかを区別して考えたほうがよいでしょう。

ザック
　24歳のザックは，自分は実に難しい問題を抱えていてとても手に負えないのだ，と主張しました。ザックは，週に2，3回の頻度で，インターネットで出会った見ず知らず同性の相手と行きずりのセックスをしていました。大して楽しいわけでもなく，だからなぜそんな行動をしてしまうのかが自分でもわかりませんでした。しかも，そうした男性と会い続けていれば，いずれ性的虐待の犠牲になるかもしれないと怖れてさえいまし

第3章　過去から自由になろう——患者さんたちとEMDRの物語　　95

た。しかし，行動し続ける衝動はどうにもなりませんでした。

　最初のセッションでは，インターネットの出会い系サイトにログインする直前にはザック自身に何が起きているかによく注目するようにと伝えました。毎回，心にはどんな考えが浮かんでいて，状況はどうなっていて，周りの人との力関係はどうなっているか。翌週のセッションに戻ってきたザックは，2点気がついたと話しました。ひとつは，「ぼくは愛されない」という気持ちが浮かんできたときに，インターネットで行きずりの相手を探したいと強く感じていました。もうひとつの点は，母親とケンカをした後に必ずインターネットで相手を探していました。

　まず，「ぼくは愛されない」という気持ちがどこから発生しているのかを探しはじめました。連想をたどると，4年生のときに仲間はずれにされた出来事のつらい記憶につながりました。あまりにも苦しかったので，彼は転校までしました。EMDRを使って，クラスメートがザックを仲間から締め出したときの記憶を処理して，出来事を思い起こしても嫌な気持ちがなくなるまで続けました。現在のザックは友人が多くて社交生活も楽しんでいたので，現在の肯定的な信念などを使いながら，過去のつらい記憶を処理しました。

　翌週に話を聞くと，その1週間は行きずりのセックスをしたのは1回だけだったと言いました。たしかに以前よりは行動をコントロールできている感じがしたのですが，それでも，目標として期待していたほどではありません。そこで，ひきつづきもうひとつの点も探りました。母親とのケンカです。ザックによると，数年前に特にひどいケンカをしてから関係がぎこちな

くなったということです。次の2回のセッションで，ケンカの記憶を思い出しても嫌な気持ちが伴わなくなるまで処理しました。次のセッションへ来たザックは，自滅的な行動をコントロールできるようになって，以前のように強く衝き動かされる感じはしなくなったと話しました。変化が本物かどうかを確かめるために，数週間後にもういちど来てもらいました。万事順調だったので，セラピーは終了になりました。その後2年経ったころに連絡して様子を聞くと，ザックは元気にしていました。つき動かされて行きずりの相手とセックスするのではなく，しっかりと考えてパートナーを選んでいました。

　ザックのセラピーは，フォローアップ分の1回も含めて，全体で6セッションでした。

<u>セラピストから一言</u>
　認知行動療法や自己啓発セミナーなどは，マイナス思考がよくないと考えて，否定的な信念と向き合ってそれを変えることで人生も変えようとします。それに対して EMDR では，否定的な信念は症状に過ぎないと考えます。根底にタイムリーに処理されそびれた苦しい出来事（一連の出来事）の記憶が本当の問題としてあって，そこから否定的な信念などが発生して症状が表れているので，向き合って取り組むべきなのは大元の未処理の記憶です。

　たとえば，先ほどご紹介した「周りのみんなに迷惑をかけている」という気持ちに悩まされ続けていたアーロンの治療では，マイナスの気持ちを発生させている大元の出来事の記憶を見つけて最後まで処理したら，症状として表れていた否定的な

信念が消えました。ですので，EMDRの治療では，否定的な信念をなくす，否定的な信念は間違いだったと何度でも自分に言い聞かせる，内面の物語を変える，といった目標は設定しません。

心理療法ではありませんが，さまざまな内容の自己啓発セミナーの類についても同じことがいえます。「内なる批評家」「ささやき」「パラダイム」などと呼び方はいろいろですが，こうしたセミナーでも，私たちの心に浮かんできて行動に影響を与えて悪さをする否定的な信念を問題そのものと考えています。EMDRでは，こうした心の声は，たしかにそれ自体も苦しさを生むと考えますが，あくまでもさらに古い体験からきている症状に過ぎなくて，問題そのものとは考えません。

EMDRで過去に取り組むのは，記憶を美しいものに塗り替えて過去を楽しく振り返られるようにするためではありません。現在の私たちに好ましくない影響を与え続ける過去の出来事の記憶がある以上，現在と将来をよりよくするためにこそ，過去の記憶を処理するのです。

産後うつになってしまった

スーザン

ソーシャルワーカーのスーザンが相談にきたのは，息子を出産して1年半したころでした。出産以来，スーザンは怒りを爆発させたり発作的に泣き出したりを繰り返して，ひどく苦しみました。夫との関係も悪くなってしまって，強い罪の意識にも苛まれていました。自らもプロのセラピストのスーザンですか

ら問題にはよく気づいていましたが，自分ではどうにもならなかったのです。

　最初のセッションでは，過去に始まって現在まで続く一連の出来事の記憶に取り組むときの手順を使いました。怒りや涙の発作が表れ始める前からスタートして，現在までに何が起きたかを時間に沿って細かく描写します。さらに，将来についてどう考えるかまで話します。目的は，治療のたたき台となるナラティブ（物語）を作って，どの出来事がまだ「生々しい」のかを知るためでした。いまだに苦しさを生み出して生きづらくしている出来事を見つけて，記憶を最後まで処理するのがねらいです。つづく2回のセッションでは，それに取り組みました。

　長年EMDRで治療をしてきて気がつきましたが，患者さん自身がセラピストだと，そうでない患者さんと比べると，やはりEMDRの治療も早く進みやすいようです。普通は1〜3セッションほどかけてトラウマ的な記憶ひとつに取り組むのですが，患者さん自身がセラピストだと，1回のセッションで記憶を2つか3つ処理できます。スーザンも，わりあいすぐに気持ちが楽になったと話したので，わずか3セッションで打ち切りました。その後4回目のセッションのアポイントを取って訪れたスーザンは，気持ちがすっかり元に戻ったと教えてくれました。子どもたちと一緒にいても前のように楽しいし，夫との関係もよくなりました。おそらく，スーザンは産後うつ病に罹って，数ヵ月ほどつらい時期を過ごしたのでしょう。この時期に経験した心の記憶がしっかり最後まで処理されて，当時の苦しさが消えたのです。

　EMDRで感情を処理するときには，どれかひとつの記憶に

ついて何時間もかけて語るわけではありません。そうではなくて，感覚，認知，感情，身体感覚の連想を使いながら記憶を次々と処理します。EMDRの仕組みと治療は第2章に詳しく書きました。

セラピストから一言

　産後うつ病の症状は，ホルモンバランスが変わるから起きるといわれていますが，考えられる原因は必ずしもそれだけではありません。過去には自然流産などがあったかもしれませんし，妊娠中，分娩中，出産直後の産褥の日々に何かが起きて，そうした出来事がトラウマ的な記憶になって悪さをしているとも十分考えられます。いわゆる周産期と呼ばれるこうした時期には無力さを感じる機会も多いもので，その記憶が未処理になると無力感がいつまで経っても消えないでしょう。

　出産した女性に限らず誰についてもいえるのですが，ある人が，経験したことや自分の置かれた状況によく気づいていて，仕事や家事もそつなくこなして，いろいろと乗り越えてきて人生経験も豊かかもしれません。でも，たとえそういう人でも，トラウマ的な記憶は，全般的な記憶のネットワークからは切り離されて保管されているので，外から働きかけないかぎりネットワークがつながり合うことはありません。ですから，仕事や家事を調子よくこなしながら自分は健康だと感じている患者さんでも，たまたま何かがぴたりと一致して「引き金」が引かれてしまうと，ネットワークの外で「カプセル」として仕舞いこまれていたトラウマ的な記憶が理屈とは関係なく呼び出されます。記憶の内容には出来事を経験したときの気持ちや感情がそ

のまま含まれていますので，普段は何の問題もなく元気そうにしている患者さんたちの気持ちや感情とは不釣り合いに見える場合もあります。

運転が怖い，飛行機が怖い，怖い，怖い

ボブ

　ボブは25歳です。大学でコンピューターサイエンスを専攻して学士号をとりましたが，自分に合った仕事を探すのに苦労しました。やっとよい仕事を見つけたものの，職場までの通勤距離が長い上に，公共の交通機関では通えませんでした。車で通勤するしかありません。ところが，ボブは兵役時代から全く運転していませんでした。というのも，従軍中に人を乗せて運転していて事故に遭い，死にかけた経験があって，それがトラウマ的な記憶になって以来，運転を避けてきたのです。他にもいくつか問題を抱えてはいたのですが，ボブがセラピーを受けに来たのは，もう一度運転できるようになって，専門分野の仕事で経験を積みたいと思ったからでした。

　ボブにはしなやかな強さと問題にぶつかっても向き合って取り組む力がありました。運転を避けていた理由が比較的最近の出来事からきていたので，セラピーもかなり短くてすみました。私たちは，2回会いました。1回は，従軍中の事故の記憶を処理するため。もう1回は，将来に注目して備えるためでした。EMDRを使って将来に備えるときは，特にそうしたケースのために工夫された具体的な治療手順があります。患者さんは，状況が将来こうなってほしいと思うとおりに展開する場面

をイメージするようにと伝えられます。この方法は，競技を控えた運動選手，ステージに立つ前の演奏者，昇給願いを切り出そうとする会社員などにとっても役立ちます。将来に注目しながら EMDR を使う方法は，次の第 4 章でさらに詳しくご紹介しましょう。ボブのセラピーでは，車に乗り込んで運転する場面をイメージしながら取り組みました。

2 回のセッションを終えたボブは，教習所へ通って，それまで怖くて受けられずにいたリフレッシュ教習を受けました。以来，毎日車で通勤するようになりました。3 年経ったときに様子を尋ねると，相変わらず運転しながら元気にしていました。

ダニエル

2 週間後には遠方に住む親戚に会うために飛行機に乗らなければいけないのだ，と話すのは 30 歳のダニエルです。飛行機に乗るのが嫌で，どうも身体が受けつけない，とも言いました。それはどういう意味かと尋ねると，飛行機に乗ると気持ちが悪くなって吐いてしまうとのこと。イスラエルから出発する便と帰国する便の両方で起きるのかと尋ねると，帰国する便だけだと答えました。

問題点を絞り込んで正確な診断をするために，質問を繰り返して無関係な要素を消していきました。この症状にはずっと苦しんできたのか，それともある時期から苦しむようになったのかと聞くと，18 歳になったときから苦しみ始めたと言います。それまでは飛行機に乗っても全く大丈夫でした。18 歳のときに何が起きたのかを探りはじめると，もっと若いころの出来事で，イスラエルの民が外国からイスラエルの地へ戻ることを指

す「アリヤー」と呼ばれる引っ越しをしたときの記憶を思い出しました。イスラエルへ来て全寮制の学校へ入れられたダニエルは，そこで他の男の子たちからいじめられました。18歳になって，ロシアを訪れた後にイスラエルへ帰国するとき，全寮制学校時代にいじめっ子だった一人と同じ飛行機に乗り合わせました。このときに，子どものころにいじめられたトラウマ的な記憶と飛行機に乗ることがダニエルの中で関連づけられて，搭乗するたびに強い不安が掻き立てられるようになったのです。

ダニエルが親戚を訪れるために飛行機に乗る前に2セッションこなしました。全寮制学校で受けたいじめの記憶と，そのトラウマと飛行機搭乗とを結びつけた18歳の出来事の記憶とを処理したところ，飛行機に乗っても不安になりませんでした。それ以来，ダニエルは何回も飛行機に乗っていますが，一度も気持ち悪くなっていません。

セラピストから一言

セラピストが診断と治療の仕方を知っているかどうかはとても重要です。何が本当の問題かの診断を間違うようでは，たとえばダニエルのケースなら，飛行機の移動がいかに安全かを示す数字をたくさん並べて見せるだけで治療費をいただいたり，なぜ特にイスラエルに帰国する便で気分が悪くなるのかについて延々と話し続けて料金だけが膨大にかさんだりしてしまいます。EMDRでは，どんな出来事があったかということにただ着目して，その出来事を眺め，記憶を最後までしっかり処理します。この方法でしたら，あれこれ余計な憶測をして間違う心

配もありません。

　飛行機や運転への不安がどこからくるのかがはっきりとわかるケースがあります。たとえば，飛行機に乗ったら乱気流に巻き込まれて激しく揺れて生きた心地がしなかったという経験がある場合などはそうでしょう。こうしたケースでは，記憶を処理して完全に回復するのにほとんど時間がかかりません。

　以前に，知り合いが，運転するのが怖くてセラピーに通い初めてからもう6年になると話してくれました。よく聞いてみると，セラピストは不安をコントロールするために地図を使って道順を覚えなさいと言ったそうです。

　ところが実際に道路地図を頭に叩き込んでも，ねらいどおりにはいかず，不安はなくなりませんでした。なぜなら，今度は「道順を覚えていなかったらどうしよう」と考えるようになったからです。しかも，この方法では予想外に道路が変わっていたときに対応できません。私のこれまでの治療経験では，運転するときに感じる怖さを和らげるポイントは，目的地までのルートを覚えているかどうかではなくて，さまざまな状況にもいろんな方法で対応する力があると自分で感じるかどうかです。道に迷ったのなら，GPSを使う，車を停めてから相手に電話をかけて目的地までの行き方をもう一度教えてもらう，通りがかりの人に道を聞く，などの方法があります。それを思いつけるかどうかです。つまり，運転するときの安心感は，「問題が起きても切り抜ける方法を自分で見つけられる」と思う気持ちからくるといえるでしょう。安心するには，運転中に起きがちな問題に実際にいくつか対処した経験を積むのがベストです。

それほど単純ではないケースになると，飛行機に乗った経験がないのに怖かったり，運転を始める前からすでに不安を感じたりする人たちもいます。こうした場合は，運転する不安または飛行機に乗る不安は症状に過ぎなくて，大元に別な問題があるはずです。

ギル

ギルが相談にきたのは，元はといえば親しい人間関係を上手にこなせない悩みからでした。そんなギルがあるセッションのときに，2日後に飛行機に乗らなければいけないが，それがとても心配だと話しました。飛行機に乗ると，死が差し迫っているという気持ちが必ず湧いてきて，しかも初めて乗ったときからすでにそうだったというのです。「私は死ぬ」という気持ちの元になっていて，不安がつきまとっているはずの過去の出来事を探すと，4歳のときの記憶を見つけました。ギルによると，信仰心の篤い両親が死者の復活について語りました。そのときに，人が死ぬ，両親が死ぬ，あろうことかそうした死者がよみがえる，と考えて，恐ろしさで心がいっぱいになりました。泣き出して，なかなか気持ちが落ちつかなかったのを思い出しました。この記憶を処理すると，飛行機に乗っている間の気持ちがずいぶん楽になりました。

ショーン

ショーンも，飛行機に乗るのが初めから怖くて仕方がありませんでした。搭乗中に考えているのは，「この飛行機は今まさに墜落しようとしていて，全員が死ぬ」。セラピーで恐れの

元を探すと，4年生の遠足でショーンが高い崖から落ちそうになって「ぼくは死ぬ」と考えたときのことを思い出しました。幸いにも遠足に同行していた警備員に助けられましたが，ショーンにとっては臨死体験ともいえる出来事でした。記憶の処理を進める中で気がつきましたが，ショーンはそれから何年間も，「なんとなく気が乗らない」と言っては旅行を避けていました。遠足の記憶を処理すると，気持ちも楽に飛行機に乗れるようになりました。

エラ

29歳のエラは，一連のパニック発作を起こして相談に来ました。不安障害の症状が強く表れていました。パジャマとスリッパの姿でセラピーへ来て，もう何日も職場に行っておらず，自宅にも帰らずに親戚の家で寝泊まりしていました。まずは準備段階の質問をたくさんして，セラピーをこなせるだけのイメージや信念をエラが持っているのを確かめてから，さっそく治療にかかりました。EMDRは，今も続いている問題を処理するために工夫した手順を使いました。1セッションを終えると，エラはいくらかリラックスして仕事に戻れました。

それほど間をおかずに同じ週のうちに2回目のセッションをして，自宅へも帰れるようになりました。エラのケースのように状況が急性の場合は，症状などがそれ以上ひどくならないうちに改善の方向へ流れを変えるために，週に2回以上の頻度でセラピーを受けるほうがよいでしょう。

セラピストから一言

　EMDR は，問題の根をどう考えるかが他の心理療法とは違います。イスラエルで放送されたリアリティーショーでこの違いがよく伝わるエピソードがありましたので，ご紹介しましょう。ショーの参加者の一人は，立派な体格の男性でしたが，子どものころに犬に嚙まれた経験があって，今でも犬が怖いという人でした。ところが，たまたまそのシーズンの参加者の中に，目が不自由で盲導犬を連れている人がいました。体格のよい男性は，犬がいつもそばにいる状態に慣れるほかありません。そして，ショーが進行するうちに男性は実際にだんだん怖くなくなって，とうとう盲導犬を連れ歩いたりなでたりできるまでになりました。

　立派な体格の男性が出番を終えてプライベートな人生へ戻っていくときに，ショーのホストがコメントしました，「なんとすばらしい。犬が怖くなくなったではありませんか。いかがです？　犬を飼いますか？」。男性は答えました，「ご冗談を！私は犬が怖い。たしかにあの犬は大丈夫になった。でも，他はとんでもない！」。実際に放送されたこのやりとりからは，曝露と呼ばれる方法だけでは恐怖症を治療できないのがとてもよくわかります。不安を感じるものに触れてその存在にいくら慣れても，根本的な不安は何も解決されていないのです。同じく，特定の状況に身を置き続ければ恐れをコントロールできるようになるかもしれませんが，状況が変われば，不安は戻ってくるでしょう。なぜなら，症状の根幹といえる大元のトラウマ的な記憶が未処理のままだからです。

うまくできなかったらどうしよう

ニック

離婚してから，ニックは新しいパートナーとセックスがうまくできなくて苦しむようになりました。これには自分でも驚いて，かなり戸惑いました。セラピーでは，どうやらニックがセックスをある種のテストだと感じていて，だからセックスのたびに気持ちや愛情が深まるのではなくて不安が高まっているようだ，というからくりが見えてきました。ニックの気持ちを探ると，これまでずっと心のどこかで「私には力がない」と考えてきたのに気がつきました。同時に，「力があるのを示さなければいけない」という焦りもありました。そうした気持ちは，離婚した元妻との好ましくない関わりや，人生のその他の失敗経験などから発生していたので，EMDRを使って過去の出来事の記憶を処理しました。また離婚した後にセックスがうまくできなかった最近の出来事も，それだけで不安を高める悪循環を生んでいたので，それも同時に処理しました。セッションを数回こなすと，ニックの悩みは消えました。

セラピストから一言

若い男性がセックスの問題に悩んでいて，それが「うまくできなかったらどうしよう」という不安からきているのでしたら，ぜひ薬は飲まないようにさせてください。これは治療経験に基づいた私からのアドバイスです。薬物療法は，短期的には問題を解決するように見えるかもしれませんが，不安をかえっ

て長続きさせます。患者さんは，気持ちの面で薬に頼り始めて，薬を飲まなければセックスがうまくできないのではないかと恐れるようになります。その不安があると，次回に薬を飲まないでセックスをしようとしたときに，とても難しくなってしまいます。

　セックスがうまくできるかどうかが不安だと話す患者さんには，だいたい2つのパターンがあります。ひとつは，生活の他の面では何も問題がないけれども，セックスだけがとても不安だという人たちです。こうした患者さんの場合は，うまくできなかったときの記憶に取り組むと，薬を飲むまでもなく，たった数回のセッションで問題は解消します。もうひとつは，患者さんはもっと人生全般で不安を感じていて，それが特に目立つのがセックスをうまくできるかどうかの点になっているというパターンです。こうした不安の場合，問題の大元はもっと遠い過去にあって，必ずしも性に関連するとは限りませんが，症状としての表れ方がセックスの場面で際立っています。たとえば，遠い過去の出来事の記憶から「最高の姿を見せなければいけない」「完璧でなければ捨てられる」という気持ちが発生していて，それがセックスのときにプレッシャーと緊張を高めて好ましくない影響を及ぼしてしまいます。こうしたケースでは，治療にかかる時間は1つ目のパターンよりは長いでしょう。でも，いわゆる「長期の治療」にはなりません。

ノラ

　25歳のノラは，子どものころから性的な内容の悪夢に苦しみ続けてきました。15歳以来さまざまなセラピーを受けまし

たが，セラピストの中にはそうした悪夢はノラが覚えていない性的虐待が原因だろうと話す人もいて，状況をかえって悪くしている部分さえありました。EMDRを使って悪夢を思い出しながら連想をたどると，子ども時代の記憶につながりました。ノラが寄生虫に感染しているのではないかと心配した母親が，彼女を医者へ連れて行ったときの出来事です。ノラが抵抗したにもかかわらず，医者は有無を言わさずに母親と弟たちが見ている前でノラに寄生虫の検査をしました。

　私たちは2セッションかけてこの出来事を処理しました。初めのセッションでは検査のときにノラが感じた屈辱の気持ちに取り組み，2回目では「私は無力だ」という気持ちに取り組みました。記憶を処理し終えると，ノラは，もう性的な内容の悪夢を見なくなっただけでなく，夢は今では楽しくて，性的なものも好ましい内容だと話しました。

その癇癪をどうにかしてちょうだい

　マックスは，その癇癪をどうにかしない限りもう耐えられないから別れると妻から宣言されました。専門技術の高さは認めるが，次に職場でまた癇癪を起こしたら辞めてもらう他にないと上司から伝えられたのは，リックです。二人の治療法は似ていました。まず，何かのきっかけがあると爆発する癇癪の大元を見つけて，中心の出来事を突きとめます。次に，中心の出来事の記憶を最後までしっかり処理します。

セラピストから一言

　怒りの爆発は，過去に無力さを嚙みしめた出来事の記憶から来ているケースが多いものです。危険に曝される経験があったかもしれませんし，何かが崩れていくのをただ見ているしかない状況でさえトラウマ的な記憶になるかもしれません。怒りは，生きていく上で本来大切な感情です。活動するためのエネルギーですし，傷つけられたときに自分を守る力になります。でも，コントロールを失うと自分にとっても不利になりかねない両刃の剣です。たとえば，ちょっとした出来事がきっかけになって，その場にそぐわない強い怒りの反応が引き出されてしまう場合などはそうでしょう。そうしたケースでは，最近のささいな出来事が引き金になっていますが，怒りの爆発そのものは，かつて脅かされたり傷つけられたりしたもっとずっと過酷な出来事の記憶から来ているのがはっきりとわかります。大元の古い記憶の処理が完了すると癇癪は弱くなりますし，完全に消える場合もあります。

　セラピーという意味では，失業しそうだとか，離婚されるかもしれないなどの差し迫った問題があるのでしたら，まずは急いでそちらの火を消します。つまり最近の問題から先に取り組んで，ひとまず状況に耐えて，身の危険を招かないようにします。そうしておいてから，過去まで遡って，苦しさや妨げる感じの中心にある古い出来事の記憶を最後までしっかり処理します。

非日常的な出来事へのトラウマ的な反応

グレッグ

25年前のことです。グレッグはテロを目撃しましたが，そのときは心のケアを何も受けませんでした。そのまま過ごしてきて，あるとき，仕事の関係で地震が多い国に引っ越すことになりました。多いといってもほとんどが小さい揺れで影響もまずない程度でしたが，そうこうしているうちに，ついに大地震が起きて，たくさんの建物が倒壊して犠牲者が大勢出ました。そのとき以来，グレッグは地震のたびにパニック発作に襲われて，揺れが収まってからもしばらくは動揺したまま苦しむようになりました。イスラエルに帰国して滞在も残すところあと2週間というときに私のところへきて，毎日数時間のセラピーを受けました。

2時間のセッションを1回こなすと，トラウマ的だったテロの記憶はグレッグを苦しめなくなりました。この記憶から取り組み始めたのは，テロのような生命にも関わりかねない強烈な出来事の記憶は，苦しい感情や無力感が生々しいまま「カプセル」に収まってしまって，後になって無力さを感じる出来事が起きるたびに蘇ってきては苦しい気持ちを強めると考えられたからです。テロの次に，地震の記憶に取り組みました。はじめに大地震，それから苦しさをますます強めたその後の一連の地震にも取り組みました。記憶の中には，車で橋を渡っている途中に小さな地震が起き，橋が崩壊してまっさかさまに落ちて死ぬ場面を想像した経験がありました。それから，何よりも怖

かった出来事として，地震の後に地下鉄に乗ったときの記憶も。

　過去に取り組み終わったら，次に現在パニック発作を引き起こす「きっかけ」に注目しました。もちろん小さな地震も含まれます。それから未来に目を向けて，さまざまな状況で地震が起きるシナリオに取り組みました。たとえば，ベッドで寝ているとき，シャワーを浴びているとき，地下鉄に乗っているときなどを想定しました。こうしたシナリオをイメージしても苦しくなくなって，湧いてくる恐れの気持ちに向き合うだけの強さが自分にあると感じられるまでになったのを確認して，セラピーを終了しました。セラピーを始めてから2週間で，グレッグは国外の仕事に戻っていきました。数カ月して，様子を伝えてくれました。今では小さな地震くらいならパニック発作を起こさないで仕事を続けられるようになったそうです。グレッグは，過去から自由になりました。

セラピストから一言

　苦しさの大元が自分ではどうしようもない外的要因ということもあります。地震もそうですし，ミサイルが飛んでくる地域に住み続けるしかない事情だってそうでしょう。EMDRを使うと，不可抗力からもしなやかに回復しようとする気持ちを育めます。何の妨げや問題もなく人生を過ごすシナリオは，そもそもあまり現実的ではないでしょう。ですので，私たちが幸せかどうかは，必ずしも問題や妨げをなくす力ではなくて，むしろそうしたものにも向き合える力次第だといえるかもしれません。

地震が起きる，ミサイルが飛んでくるといった自分の力ではどうにもならないトラウマ的な出来事が繰り返される状況では，過去のそうした出来事の記憶に取り組むと，未来に同じ出来事が起きたときにしなやかに回復する力が生まれます。EMDRで未来のシナリオに取り組むときには，そのための手順があります。未来の計画を立てると同時に，またもや問題が起きて向き合わなければいけなくなったときに拠り所にできる肯定的な信念などを心の中に貯えておくためです。

治療の効果がない？

　EMDRを使っても治療に時間がかかる，効果が弱いといったケースがいくつか知られています。患者さんに重い解離性障害があると，治療に時間がかかります。解離は，トラウマ的な出来事が繰り返される状況を生き抜くための急性反応ともいえます。犠牲者が過酷な状況下で得た経験または行動が，その人の他の意識（思考，感情，記憶，振る舞い，ひとつのまとまりとしての自己の感じ）から区別されたり切り離されたりする症状で，程度は人によってそれぞれです。たとえばさまざまな年齢で繰り返し性的虐待に遭った場合などは，そうした症状が表れやすいといえます。解離性障害があると，パーソナリティの一部が他とは別になっているかもしれませんので，そうした患者さんの記憶をEMDRで処理しても，部分的にしか効果がないことも考えられます。解離性障害のある患者さんの場合は，普通のEMDR手順では症状をかえってひどくしてしまう恐れがあるので，障害の特徴に合わせて調整した方法を使わなけれ

ばいけませんし，もっと統合的な視点からの取り組みが必要になります。この本ではそうしたケースをあまりご紹介できませんが，関心のある方には関連する情報をよろこんでお知らせします。そうした深刻な症状への治療にEMDRを併せて使う方法について詳しく書かれた研究や本がたくさんあります。

　身体の中で生化学的なバランスが崩れているために問題症状が現れているときも，EMDRの効果はそれほど表れません。たとえば甲状腺機能に問題があって抑うつや不安が強い，ビタミンB_{12}が不足している，薬の副作用があるなどの場合です。

　ときどき，あまりに性急で，たった1回セッションを受けただけで幸せな感情が湧いてこないとセラピーに来なくなってしまう患者さんがいます。たしかにEMDRは効果が早く現れる治療法ですが，さすがに1回では効果は現れません。とはいえEMDRが見事なのは，思い込みや治療への期待から症状がよくなるプラセボ効果に頼るものではないので，治療の効果を最初から疑ってかかっている患者さんでも不信感そのものは妨げにならない点です。数回通っていただいて，取り組み方さえしっかりしていれば，疑わしいと思っていた患者さんですら効果を感じます。私のところへも，半信半疑でいらっしゃる患者さんがたくさんいますが，効果を実感すると，皆さん素直に気持ちよく驚いてくださいます。私の治療では，「あやしいと思っているあなたのためのEMDRビフォー＆アフター」というフォームを作って活用しています。記憶を処理し始める前と，処理し終わった後に，項目を手書きで記入してもらいます。そうすると，効果があるのかどうかがあやしいと思っていた患者さんでも，比較ができて，EMDRを使った治療の効果

がはっきりと見えます。今のところ，数回セッションをこなしてからもずっとフォームを使い続けた患者さんはいません。症状がよくなるのが自分ではっきりとわかるので，使わなくてもセラピーが役に立つと実感できるのです。

　EMDRはときに単純な手法に見えますが，実際は違います。患者さんに合わせた治療計画を立ててそれに沿って進めるEMDRは，総合的な心理療法であって，治療の途中でそのときだけ使う技法ではありません。また，苦しさの大元になっている出来事の記憶の処理が，感覚，感情，認知，身体感覚のどの連想のチャンネルについてもしっかり完了したかどうかを確認するのも，なかなか複雑な作業です。そうしたEMDRですので，セラピーで記憶を処理しているときに患者さんが指示に従わないと，治療のスピードが落ちて，処理が止まってしまう場合さえあります。これでは当然本来の治療効果を十分に引き出せませんので，患者さんは，このセラピーは自分には向いていないと感じるかもしれません。でも，指示に従っていなかった以上，EMDRの手順に沿って記憶を処理したとはいえません。ですので，こうしたケースでは，何がまずかったのかを患者さんに理解してもらうと，わりとすんなり軌道修正できます。セッションの終わりに患者さんの気持ちがちっとも楽になっていないのでしたら，状況を調べると何が問題だったのかを見つけられるでしょう。

ハンク
　どもりの症状をEMDRでなんとかできるか？とハンクに聞かれたとき，ぜひ試してみる価値はあるでしょう，と答えまし

た。どもりは，感情の問題から来ている場合があります。たとえそうでなくても，感情の問題が絡んで症状が重くなります。そのため，ストレスを和らげるとどもりが軽くなるのは十分期待できるのです。セラピーでは，ハンクのどもりがこのときから始まったと「考えられる」出来事の記憶と，記憶と結びついたストレスを感じるときの条件を絞り込みました。記憶の処理を始めるにあたって，私はハンクに伝えました。出来事からの連想が頭の中で流れるままにして，意識的に何かを選んだり方向を決めようとしたりしないでください。記憶を処理しているときは，ハンドルから手を放して，運転を心に任せて，あなた自身は後部座席にゆったりと座っている感じです。しなければいけないのは，脳に仕事をさせる間に何が起きるかに気づいていることだけです。脳があなたをどこへ連れて行ってもかまわないので，ただついて行ってください。事態が展開するままに，方向をコントロールしようとしないでください。残念ながら，このときはハンクが指示に従いませんでした。少し年齢が上がってからの出来事を思い出すたびに，いちばん古い出来事の記憶に注意を戻して，全身全霊で集中しようとしました。結局，治療のスピードが落ちて，とうとう完全に止まってしまいました。

セラピストから一言

連想が特定の記憶に集中するのは，自由に連想する中で自然に起きるぶんには全く問題ありません。でも，連想が流れる方向を強引に選ぼうとすると，治療がだめになります。記憶が最後までしっかり処理されるには，古い出来事の記憶がもっと最

近の出来事の記憶につながる部分が実は大きな役割を果たしているかもしれません。つまり，古さの異なる2つの記憶がつながることで患者さんの視点が広がって，子ども時代に経験した出来事を今日の大人として経験しなおしているかもしれないのです。ですので，記憶とそこから流れる連想に取り組んでいるときに思考が最近の出来事につながっていったのでしたら，セラピストからはっきりと指示されていないかぎり，そのままにするのがとても重要です。大元の出来事の記憶に取り組むときに最近の出来事の記憶は大事ではない，という考えは間違っています。記憶の連想を流れるままにどんどんたどる中で，切り離されていた記憶が全般的な記憶のネットワークにつながるといえるでしょう。

　EMDRはどの患者さんにも同じ方法で使えるわけではありません。見かけほど簡単ではないのです。セラピストがEMDRをひとつの心理療法と考えて総合的な視点から治療計画を立てるのではなくて，ただの単一技法として使っていると，治療はうまくいかないでしょう。ですので，セラピストを選ぶときには，EMDRのトレーニングをいくらか受けていると聞くだけで満足するのではなく，具体的にどんなトレーニングをどれだけ受けているのかまで確かめましょう。EMDRを行うセラピストを選ぶときの参考になる基準を，付録Dに載せました。

　先にお伝えした解離性障害のケースと，生化学的なバランスの崩れや臓器の問題から来ているケースを除くと，ほとんどの患者さんが，セラピーを始めてからたった数セッションで症状が楽になりはじめます。人生で悪さをしている出来事に関連し

た過去の記憶をひきつづきたくさん再処理すればするほど，ますます楽になっていきます。

　「12年間連れ添った妻が浮気をしていたと知って，天変地異が起きたようでした。まさに結婚生活の危機で，すべてがそこから始まりました。それまで，私は強くて安定していて専門家のカウンセリングなんて必要ないとずっと思ってきましたが，そのときのショックと動揺はあまりにも大きくて，さすがの私でも助けが必要だと心から思いました。今にしてみると，あれは人生最大の賢い決断でした。

　自己紹介を少しばかりしますと——私は40歳で，子どもが二人います。それなりに高学歴の技術系専門職です。今回の危機までは，人生はいたって順調で，見通しも立って，典型的なイスラエルっ子の筋書き通りでした。高校を卒業する，兵役をこなす，士官になる，南米でしばらく暮らす，大学進学，ガールフレンドができる，結婚する，外国に留学する，第1子が生まれる，就職する，第2子が生まれる，家を買う，収入もそろそろ増えてくる。何もかもが完璧に見えました。そこへ危機が起きて，なんだか，深い眠りからたたき起こされて人生の本当の荒波に投げ込まれたようです。

　セラピーは，結婚生活の危機の真っ只中で始まりました。まず，目の前で繰り広げられていた危機そのものに取り組みました。『振動する道具』と私が呼んでいる小さな機材を両手に1つずつ持って，交互に伝えられる振動を感じながら連想をたどりはじめます。すぐに気がつきましたが，目

の前の危機以外にも取り組まなければいけないものがたくさんありました。比較的最近の出来事にも，遠い昔の出来事にも。そうした出来事を理解して，処理して，私の将来の人生に決して悪さをしないようにしておかなければいけませんでした。

　離婚すると，とたんに大きな肩の荷が下りました。それまで背負っていたのは，他でもない，自分で自分に課していた人生の道筋でした。その道で，私は人知れず苦しみながら，気難しい女性との楽しくもない関係の中でなんとかして彼女を喜ばせようとして，自分自身を完全に後回しにしていたのです。どのようにして，なぜここにたどりついてしまったのかはとても重要で，何としても理解しなければいけませんでした。私は，本来善良で，強くて，誇りにできるよいところをたくさん持っています。それは自分でも知っています。でも，実際の自分をみると，そんな生き方はしていませんでした。少なくとも，妻や，職場や友人たちとの人間関係の中ではしていません。こうして，私がEMDR360と呼ぶことにした治療の旅が始まりました。

　治療は，最初はちょっと風変わりにも思えました。従来のセラピーのように対話をしながら過去や心を掘り下げるわけではありません。どちらかといえば，科学の実験に似ていました。私がトラウマ的な出来事を思いつきます。それを思い浮かべたときに感じる嫌な気持ちの内容と強さについていくらか説明します。次に，振動する機材を手にしながら目を閉じていると，はじめの出来事からの連想をたどって他の出来事のイメージが流れ出してきます。なかに

はとても古い出来事もあって，幼稚園時代まで遡りました。はじめは奇妙な感じで，連想された出来事がお互いにどう噛み合うのかがよくわかりませんでしたが，やがてイメージが整理されました。いろんなものがつながり合っていった先にあったのは，私がもう何年も強く感じ続けてきた，『私は何か足りない』という気持ちでした。そう，私は学位も取って，卒業証書ももらい，軍隊でも大学でも表彰され，仕事も評価されていて，子どもたちにとってもよい父親です。これだけ実績があるのに，『失敗』をすると，どんなにささいなことでもたいがい，いかにも『私は何か足りない』という気持ちが強く湧いてくるのです。

　この点に気づいたとき，突破口が開けたと思いました。私は考えたものです，『何に悩まされていたのかがはっきりわかったぞ。これでセラピーを続けないですむかもしれない』。でも，問題に気づくだけではだめだとすぐにはっきりしました。この強いマイナスの気持ちを生み出している出来事の一つ一つに向き合って，赤々と燃える石炭を一つ一つ消して，出来事の記憶が無意識の領域で悪さをしないように，過去が未来に影響を及ぼさないようにしなければいけませんでした。記憶が無意識の領域で悪さをしているのが，なぜわかったかって？　人生をよく観察すると，ちゃんとわかりました。たとえば，セックスの面で考えるなら，初めてのパートナーとは期待したほど上手にできませんでした。つまり，セックスのたびに必ず問題があるわけではなかったのです。どうして場合によって違うのかが，はじめはわかりませんでした。結婚しているときは何も問題が

ありませんでしたし，離婚した後でさえ，大丈夫なときもあれば，だめなときもありました。よく観察すると，新しいパートナーと一緒だと，『私は何か足りない』という気持ちを必ず感じていました。特に，相手が大切な人であればあるほど。セラピーを進めてやっと理解しましたが，記憶が無意識の領域で悪さをしているときに，身体が反応していたのです。

　そこで，セラピーでは問題の『大元』を探し，そこから発生する『私は何か足りない』という気持ちが枝葉のように伝わってマイナスの影響を与えている恋愛，仕事，家族関係といった領域を見つけました。セッションのたびに，影響されている領域で感じる妨げをひとつずつ取り除いていきました。このとき，それほど気にもしていなかった子ども時代の出来事の記憶から始めたつもりでしたが，結果的に，そうした遠い記憶は私の行動パターンのベースになっていたのでとても大切でした。たとえば，あるセッションでは幼稚園時代に大好きだったけれどもその年のうちにガンで亡くなってしまった先生のイメージがよみがえってきました。セッションを終えて車を走らせていると，先生のイメージがまた浮かんで，急に涙があふれてきました。

　思い返すと，私は大好きだった先生のためにお祈りをしないままになっていて，そのことが今まで何年も罪の意識として心に引っかかっていました。それが『正しく振る舞っていない』『私は価値のない人間だ』という気持ちを強めて，それよりも後の出来事に影響を与えていました。この記憶に取り組んで処理すると，灼熱した石炭がいくつも消

えて，自分について感じていたマイナスの気持ちから実際に自由になりました。

　処理を繰り返すうちにスピードにも乗ってきて，何年も悩まされ続けた燃える『石炭』を次々と消していきました。こうした石炭が私を内側から焼いて，私は罪の意識を感じ，自分は全力を尽くさない欠陥人間だという感じを抱き続けていたのです。『私は何か足りない』，だから『人知れず苦しんで当然だ』という気持ちがあったばかりに，元妻にも一方的に譲るだけでした。セラピーでは，親密な人間関係，個人的な問題，仕事上の問題をぜんぶ含めて，まさに人生を360度のパノラマのように見渡した治療をしました。

　この治療が私の人生にどれほど大きな影響を与えたかは，なかなか説明できません。まさに，人生が大きく変わりました。花開き始めたばかりの専門技術者としての仕事の仕方が変わりました。個人として生きる中でも，恋人との関係，子育ての方針や方法，友人たちとの関係が変わりました。

　何よりも，自分がいまだかつてなく力強い感じがして，どんな困難や不確かさにも恐れずに向き合うだけの心の準備ができました。なぜなら，もう過去の記憶や自信のなさに基づいて行動するのではなくて，『今，ここ』で起きている物事に対処する自分の力を知っていて，それに基づいて行動できるからです。

　紛れもなく，このセラピーは自分への人生最高の贈り物でした。もちろん，セラピストが心のこもった治療をしてくれたからこそです」

第4章
人生を広げよう——
患者さんたちとEMDRの物語 その2

心の妨げをとりのぞこう

人生の年輪をある程度重ねてくると,誰でもそれなりにいろいろと経験しているものですが,過去の出来事の記憶は,たいがい,気づかないところで私たちの人生に何かしら影響を及ぼし続けています。EMDRを使うと,そうした記憶の影響に自分で気がつきます。セラピストから説明されるのとはまたちがって,自ら悟るのに似た感じかもしれません。出来事の記憶がどのように好ましくない影響を及ぼして本来の力を発揮するのを妨げているかがわかります。しかも,気づくだけではありません。EMDRを使って記憶を処理すると,妨げを取りのぞけます!

ビル

いわゆる「あがり症」を克服したくて相談に来ていたビルは,不安はいろんな場面で感じるけれども,見ず知らずの人が

いると特に強くなると話しました。たとえほんの数人でも，知らない人がいるとその場で目立つのがとても怖いというのです。ビルは，5年生のときの節目ともいえる出来事について話しました。小学校の卒業式でステージに上がったビルは，出席者全員の前で頭が真っ白になって話ができなくなりました。それが恐ろしい経験になってしまって，それ以来，大勢の人の前で話す機会をともかく避けてきました。セラピーでは，5年生のときのこの記憶を思い出して，連想をたどりました。流れ出してくる連想を眺めるときは，流れの方向をコントロールしようとしないでただ気づいていてください，と伝えました。両側性刺激を使いながら連想をたどると，はじめに，原稿を最後まで立派に読み上げた自分の姿がイメージされて，不安が少し弱くなりました。でも完全に消えたわけではありません。何かがまだ引っかかっています。そこで両側性刺激を使ってもう1セットこなすと，原稿を読み上げるだけでなくて，出席者全員を感動させる見事なステップを踏んだ踊りを披露する自分の姿が心に浮かびました。卒業式の出来事を思い出したときに感じる苦しさがだいぶ弱くなりましたが，まだいくらか嫌な気持ちが残っています。両側性刺激を使って記憶をしばらく処理し続けると，やっと，ステージの上で話せなくなって硬直している自分の姿を思い出したときに，そんな自分を許す別な自分の姿でイメージを処理できるようになりました。ここまで処理したら，5年生の卒業式の記憶に伴っていた苦しさは消えました。

　こうして過去の記憶に取り組んだ結果，ビルの不安はかなり弱くなりました。ただ，それでも公の場で話をすることへの恐れはまだいくらか残っていました。何がビルの心で妨げになっ

ているのかを理解しようと取り組んでいるうちに，5歳のときに扁桃腺を取りのぞく手術をした記憶を思い出しました。この記憶から，「見知らぬ人はぼくを傷つける」という信念が発生していました。手術のときの経験をさらに深く探っていくと，なんと，両親に向けられた怒りの感情が表れました。手術の場面で両親がそばにいてくれなかったので，ビルはそのとき，両親にとって自分は大切な存在ではないのだと感じたのです。

　その気づきがひとつの突破口となって，そこから流れ出してきた連想をどんどんたどったビルは，手術以来の40年間というもの，反発と抵抗の気持ちから何とかして親と対等になろうとあがき続けてきたことに気がつきました。両親は学校でビルによい成績を取ってほしがったので，彼はわざと落第しました。兵役時代に士官コースへ進んでほしがったときには，もちろん行きませんでした。両親はビルに多くを期待したので，ビルも，期待に添わないためにエネルギーをたくさん使いました。少なくとも，両親が期待したレベルには達しないために。ビルは，両親への腹いせとしてわざと失敗するように，何十年と無意識のうちにふるまっていたのです。ビルが心に抱えていた妨げは生きる姿勢そのものにまで影響していたので，5歳のときのその記憶を処理すると，知らない人たちの前で話ができるようになっただけでなく，仕事も含めて，もっと広くいろいろな面で人生が変わりました。

サム

　サムは，お金も実績もかなりあるビジネスマンです。それなのに，自分の事業になかなか投資ができなくて，事業規模を広

げられずにいました。何が心で妨げになっているのかを見つけるために，子ども時代の記憶まで遡りました。サムは，所得水準がわりあい高い地域の小さな家で暮らしていて，周りの友達の家庭はどこもサムの家よりも社会的ステータスが高くて経済的にずっと豊かでした。また，サムは家計を支えるために学校を辞めて仕事をすることを期待されていました。子ども時代のこうした記憶を処理すると，サムの経済的な見通しの立て方が変わりました。つまり，お金をどう使うのが賢いと思うか，事業を広げるには何をするのがよいと考えるかなどが変わったのです。また，そうした遠い昔の出来事の記憶からきている「お金を使うのが怖い」という気持ちがありましたが，それに振り回されないようにもなりました。

ダン

技術系の専門職に就いている40代のダンは，個人的な問題があってセラピーにきました。ダンをもっとよく知ろうといくつか質問をしている中で，仕事に関連するものもいくつかありました。キャリアはどうか，今の仕事がどれほど安定しているかなどについて聞いてから，脱サラして自営業としてやっていく道を考えたことはあるかと尋ねたときです。ダンがきっぱりと答えました，「あり得ません。自分には金銭と取引の才能はありませんから」。

否定的な信念はどれもそうですが，ダンのこの思い込みも，過去の経験から学習されていました。子どものころに夏休みのデイキャンプに参加したときの出来事が，信念を特に強めていました。ダンが6歳のときです。デイキャンプに参加した子ど

もたちは，他の子どもと交換するための品物を持ってくるはずでした。ところが，ダンも，ダンの両親もそれをすっかり忘れて，ダンは手ぶらで参加しました。交換のときにダンが差し出せたのは，お気に入りのバンダナだけ。代わりにもらったのは，黒い紙を数枚。泣きながら家に帰って，どうしたのかと聞かれて訳を話すと，両親は笑って言いました,「まあ，おまえは商売には向いてないね。やめといたほうがいい」。親からしてみれば悪気のない冗談でしたが，その何気ない言葉がダンの中に自分の力についての否定的な前提を生みました。大学を出て専門分野で博士号まで取ったダンは，45歳にしてなお，職業とビジネスについて考えると怖くなるのでした。6歳のときのその記憶を処理すると，ダンは，専門技術者として雇われて仕事をする他に，フリーランスとしても仕事を始めました。

リック

リックは，自信が持てない自尊心の低さと「ぼくはいつも失敗する」という気持ちに悩まされて相談にきました。あるセッションの途中でリックが言いました,「たった今連想したイメージは，自尊心の問題とは全く関係なさそうなのですが」。私は，処理しているときに浮かんでくる内容が関連あるかどうかは判断しないでください，ただ気づいていると，主題との結びつきが後からはっきりします，と伝えました。リックによると，連想の中でカーテンが閉じられるイメージがあって，そのカーテンに自転車の柄が描いてあったというのです。「そんなことが自信のなさや力不足の気持ちとどう関係しているのでしょうか」とリックは言いました。まだ何とも答えられません

でしたが，時間とともに明らかになるはずだと約束しました。
　両側性刺激を使ってもう1セット行うと，リックは，よみがえってきた記憶が自分でも信じられませんでした。リックが4歳で，妹が3歳のときの出来事です。二人は子ども用の自転車をそれぞれに1台ずつ一緒にもらいましたが，妹がリックよりも先に乗れるようになりました。この出来事が家族の間で笑い話としてそれ以来何度でも語られて，出来事の記憶がリックの中で「ぼくは失敗ばかりする」という気持ちを生むようになっていたのです。この記憶も含めて似た出来事の記憶をいくつも処理すると，リックは，自分には力があると感じて，自信を持って堂々とふるまえるようになりました。

セラピストから一言
　患者さんが自分について何かをマイナスに思い込んでいる場合，わざとではないにしても結果的に家族が荷担してその信念を生み出してしまったケースがよくあります。患者さんの話の中に家族が茶化した出来事が出てくるときは，とてもつらい物語が背景にありがちなので，必ずもっと詳しく聞き取ります。そうしたちょっとした出来事は，一見するとどうということもなさそうですが，まだ若い時期に起きているだけに実は大きな影響を及ぼしているかもしれません。仮に記憶が未処理の状態で「カプセル」に収まってしまうにしても，大人になった現在なら影響がそれほど大きいとは限りません。でも，まだまだ心が傷つきやすい年齢で起きると，大人の場合よりもずっと大きな強い影響を与える可能性があるのです。
　ところで，私たちは自分の習慣や特徴の大部分は個人の性格

の問題で，変えられるものではないと考えがちです。実際には，習慣や特徴は生まれつきの変えられない性質とは全く関係ありません。むしろ，マイナスの思い込みや否定的な信念と関連しているケースが多く，思い込みや信念をEMDRで処理すると，習慣や特徴もすぐに変えられるのです。

ネド

　還暦を迎えたネドですが，ここ数年のうちに兄を病で亡くし，妹を交通事故で亡くしていました。ネドは，兄妹を失ったのはつらいけれども，一人で乗り越えるだけの強さが自分にはあると考えていました。そんなネドがセラピーにきたのは，見ず知らずの人と話すのがとても苦しかったからです。方法をいろいろと工夫してみたものの，どうしても解決できませんでした。兄妹の死という身も心も打ちのめされるほど悲しい出来事を最近経験していたにもかかわらず，日常生活でネドを本当に悩ませていたのはむしろ見知らぬ人とうまく話ができない点だけで，しかもその問題は，自分の価値が失われていくと感じた子ども時代の出来事の記憶からきていました。最近の出来事よりも遠い昔の出来事のほうが悩ましいなんてことが，なぜ起きるのでしょう。それは，現在の喪失については大人として受け止めるだけの力がネドにありましたが，子ども時代の出来事は，今にしてみればそれほどトラウマ的ではなくても，当時のネドにとっては受け止めるのがずっと難しかったからです。子ども時代に出来事を受け止めきれずにトラウマ的な記憶のカプセルができてしまい，それが未処理になっている以上，人生経験も重ねた還暦の今になってもそのときの記憶が悪さをし続け

ているのです。

セラピストから一言

　苦しさに対処するために利用できるものには，人生経験や肯定的な信念といったものから周囲の支えやお金までさまざまです。何にしてもそうしたものをたくさん持っている年齢でなら，つらい出来事を経験してもそれほど影響を受けないですむかもしれません。ところが同じ出来事でも，もっと若い年齢で経験すると，対処するときに拠り所にできるものが少ないので，好ましくない影響がずっと強く表れる恐れがあります。未処理の記憶のカプセルができてしまうかどうかは，現在どれだけ拠り所があるかではなく，出来事を経験した当時にどれだけ拠り所があったかで決まるといえるでしょう。ひとたび「カプセル」ができてしまうと，処理しないかぎりいつまで経ってもそのままです。だからこそ，現在とても成功しているように見えても，権限がなかった時代や幼かったころの出来事の記憶に影響されて，今でも心のどこかで，恥ずかしい，失敗ばかりしている，権限のある人が怖い，などと感じ続けている人たちがいるのです。私のところへも，人生が順調なのに過去の記憶が悪さをして自己評価がとても低い人たちがきます。記憶をしっかり処理して信念を変えないと，古い出来事の経験を現在の中で生き直す恐れがあります。打ちのめされた子どもが，打ちのめされた上司などになりかねません。

　感情を揺さぶり続ける「カプセル」ができる状況は，主に2つ考えられます。ひとつは，出来事そのものがあまりにも急激または過酷な状況。もうひとつは，出来事を受け止められるだ

けの力や支えがなかった状況です。どちらにしても若いほど起きやすいですが，それ以外にも，不意を突かれた，病気に罹って弱っていた，起きがけだった，薬物やアルコールの作用があった，などの条件でも起きます。

先延ばししない

マヤ
勉強しなければ……。それはよくわかっていました。マヤは，数学を手法として使ういわゆる精密科学の分野で学位を取ろうとしていたのです。勉強したときとしなかったときとで単位がどうなるかは，すでに経験済みでした。それなのに，勉強しなくてはいけないときにも，どうしても取りかかれずにいました。

セラピストから一言
気持ちが乗らなくて本来ならやらなければいけないことをついつい先延ばしにしてしまう症状も，いろんな理由が考えられます。私のところへ相談にくる患者さんにも，試験直前に一気に追い込みで勉強しようとするため，大きなストレスになって苦しむ人が何人もいました。実際に，そうした患者さんの中では，試験勉強と追い込みで勉強しようとしたときの苦しさとが結びついていました。そうなると悪循環が生まれて，試験勉強に気分が乗らなくなり，次の試験の前にはさらにぎりぎりまで勉強を始められなくなりがちです。歯医者へ行くのが怖くて耐えがたい状況になるまで先延ばしにする人たちでも，似たプロ

セスが起きているといえます。歯科を訪れるのが遅れるから実際に痛くて苦しい治療になって，次に歯医者へ行くのがますますおっくうになります。こうしたケースでは，過去を遡って行動と苦しさとを結びつけた最初の出来事に取り組むと，先延ばししないで行動できるようになります。

　「失敗しそうで怖い」という気持ちがあるときにも，行動を先延ばししやすくなります。勉強したのに点数が低かったら言い訳ができないので，そんな状況が起きるのを避けるために試験勉強をしたがらない学生もいます。また，どうせ落第するのなら勉強する意味がないと考えてぐずぐずしている学生もいます。勉強と「失敗しそうで怖い」という気持ちとを結びつけた最初の出来事を見つけて記憶を処理すると，こうした先のないどころか有害とさえいえる先延ばしの行動パターンを変えられます。

イザベル

　イザベルが試験勉強をしたいと思うたびに，身体が鉛のように重くなって，疲れ果てました。全くコントロールできないあくびがひっきりなしに出て，ほとんど眠り込んでしまいそう。朝は，気分爽快にシャキッと目が覚めて，さあ勉強しようと教科書を手にとって……またあくびが止まらなくなって，何もかもを投げ出すしかなくなるのです。セラピーでは，なぜ勉強できないのかを説明しそうな出来事がなかったかを探りました。何年も前のことです。外国で暮らして，夜に働いて昼に勉強した時期があったのを思い出しました。そう，あのころ，疲れ切ってはいましたが，どうしても勉強しなければいけない事情

があったのです。何とかして目を覚ましておいて勉強を続けようとしたのを思い出しました。そのときの経験が，イザベルの中で勉強と疲れ切った感じとを結びつけました。その時期の記憶に取り組むのもイザベルにとってはかなり大変でしたが，ついに勉強と疲れた感じとのつながりが断ち切れると，ひっきりなしにあくびをしないで勉強を続けられるようになりました。

セラピストから一言

何かの行動をコントロールできないときにも，タイムリーに処理しきれなかった出来事の記憶が生の状態でカプセルに収まって悪さをしている場合がよくあります。EMDRを使ってカプセルを見つけて記憶を処理すると，コントロールできなかった反応を変えられます。

ジョー

ジョーは，事業を経営していて収益も上々です。ただ，悩みがありました。会社の経営を広げる仕事に没頭しなければいけない時間になると，気が散って，気がつくといつも違うことに注意が向いているのです。期限のある課題はぜんぶそうですが，一刻の猶予もないところまで追い込まれて，大きなストレスがかかってからでないと取りかかれません。自分でも気づいていました。わかってはいるけど，期限までに終えると誰かに約束していない限り，ついついいつまでも先送りしてしまうのでした。セラピーでは，ジョーの現在のこの行動パターンに影響を及ぼしている古い記憶を見つけました。

兵役時代です。ケガをして，それまで所属していた名誉ある

部隊から除隊になりました。ジョーは，そのときに感じた「私はだめな人間だ」という気持ちをそれから 20 年間抱き続けてきました。しかも，そこから否定的な考えがいくつも連なって，先送りする傾向を生み出してどんどん強める仕組みができあがっていました。ジョーは考えていました，苦しさを乗り越える努力をして得た成果でなければ意味がない，また苦しさを乗り越える努力でしか「だめな人間」という感じを補えない。こうした考えがあったので，簡単にこなせる課題は意味がありませんでしたし，「だめな人間」の感じも和らげてくれませんでした。だから，ジョーは，無意識のうちに仕事を先送りして大変な状態になるまでため込んで，努力しなければこなせない状況にしていたのです。EMDR を使って記憶を処理している途中に，この行動パターンを人生の他の領域でも使っているのに気がつきました。いろんな場面でたくさんの責任を引き受けて，簡単には管理できない状態にまで自分を追い込んでいました。3 セッションかけて，従軍中に負ったケガと，名誉ある部隊を去らなければいけなかったことへの失望と，そのときに心身にあったつらい気持ちや感覚を最後までしっかり処理できるようになると，ジョーはある程度以上になると仕事を引き受けるのを断わり，抱え込み過ぎと先延ばしの悪循環を断ち切れるようになりました。

　ジョーにはできないことがもうひとつありました。何事も他の人に仕事を任せられなかったのです。家の修繕さえプロの職人に任せられずに，全部自分で直していました。この行動パターンと結びついていたのは 5 年生のときの記憶で，かわいがっていた犬を獣医のところへ連れて行ったら，獣医がペット

専門ではなくて家畜専門だったのです。適切な治療を受けられずに，かわいがっていた犬は死んでしまい，この出来事がジョーの中に痛ましい記憶のカプセルをつくって，「誰も信じられない」という否定的な信念を生んでいました。獣医の記憶を処理した後で，ジョーは，生まれて初めて自宅に電気工と庭師を呼んだと話してくれました。

本来の力を発揮する

サル

　サルは，よくステージに立つミュージシャンです。ミュージシャンにはありがちですが，サルも，演奏の前はもちろん，途中でも緊張してとても不安になりました。私のところへ相談に来るまでは，そうした本番の緊張に対処するときに，これもまたミュージシャンの例にもれず，アルコールと薬物に頼っていました。残念ながら，アルコールやマリファナといった薬物は，ときに不安を強くするだけでなく，下手をすると依存症を引き起こすので，「酔いや薬の作用がないと演奏できない」と感じるようになってしまいかねません。

　セラピーでは，初めに過去の出来事を探って，サルの中に「ぼくは力不足だ」という気持ちを生み出している記憶に取り組みました。この気持ちは，大きなステージに立つ直前にも感じていて，緊張と不安を高めたので演奏の出来栄えにも実際に影響しました。セラピーが進んでからは，未来に注目する取り組みに力を入れて，ステージを控えたタイミングでEMDRを使いました。未来に注目する取り組みでは，成功したステージ

をイメージしました。演奏の腕前を十分に発揮できて気持ちも晴れやかになるシナリオを頭の中で何度も繰り返すのです。このときに、イメージしながら両側性刺激を使って左右の半球を作業に引き込んできて、成功する体験を認知の面だけでなく心でも身体でも強く感じるようにします。晴れやかな気持ちをはっきりと感じて連想できるようになったら、今度は演奏をする会場と、音楽に没頭して外からどんな刺激があっても妨げられない心境（サルはこれを「境地に入り込む」と呼んでいました）をイメージしました。

　こうして取り組んだところ、サルは、成功するときの感じなどを拠り所にできて、ステージの前や途中で感じる不安な気持ちを、アルコールや薬物といった外側からの作用に頼らずに静められるようになりました。ところが、必要がなくなってからも、仲間からの誘いや圧力があって、そうしたものに相変わらず手を出しました。周囲の圧力が気にならなくなったのは、過去の記憶をさらにいくつも処理してからでした。それまでは、「嫌な顔」をされて仲間から外された気分になったときの記憶や、誰かにからかわれたときの記憶などを思い出すと、湧いてくる嫌な気持ちに耐えられずに薬物を使っていたのです。過去の記憶をしっかり処理すると、アルコールや薬物を断つのが誇らしく感じられるようになりました。サルは、バンドの他のメンバー全員にけなされても動じなくなりました。

セラピストから一言

　EMDR を使って未来のシナリオに取り組むときには、難しい何かを上手に成し遂げようとする場面で役に立ってくれそう

な気持ちや感覚を自分の中に探します。たとえば,「私には力がある」といった感じかもしれませんし,しっかり考えて決めたという納得,こつこつ努力を積み重ねてきた自覚,またはすっきりとした自信かもしれません。セラピーでは,そうしたプラスの気持ちや感覚を生み出している過去の出来事の記憶を探します。あなた自身に起きた出来事の記憶ももちろんあるでしょうし,誰か他の人についての記憶もあるかもしれません。何も思いつかなければ,本や映画の中でそうしたプラスの気持ちに感動したり共感したりした記憶であってもかまいません。プラスの気持ちを感じさせてくれる記憶を見つけたら,両側性刺激を使いながら,まずプラスの気持ちをできるだけ生き生きと連想します。簡単に連想できてありありと感じられるようになったところで,頭の中で未来のシナリオまたはこれから取りかかる課題をそのプラスの気持ちと一緒にイメージします。数分かけて処理をし続けると,課題とプラスの気持ちとが結びついて,課題を成功裏に成し遂げられたという感じが湧いてきます。この感じが心にあると,実際の課題に取り組むときに支えにできるわけです。処理がうまくいかなくて,たとえばイメージの中で課題を成し遂げるのに失敗してしまったら,心にできてしまった未来に失敗するイメージを,過去の記憶と同じように扱って再処理します。未来の失敗の記憶をしっかり最後まで処理すると,イメージにまたプラスの気持ちが伴うようになります。

スティーブ
スティーブはマラソン大会に向けてトレーニングを始めてか

ら，合同練習に何回も参加してきました。ところが，大会直前のトレーニングで，途中でどうしても走り続けられないと感じて脱落しました。それ以来，ペース配分の感覚を取り戻せなくなって，もしかしたら大会本番でも走り続けられない感じがよみがえってきて途中で棄権したくなってしまうのではないか，と恐れるようになりました。セラピーでは，脱落したときの記憶を処理すると同時に，未来に注目して，来たるマラソン大会を完走するための計画にも取り組みました。スティーブは，マラソンを完走しただけでなく，トップクラスのランナーの一人としてゴールインしました。

ブレンドン

ブレンドンは，2年の完全なブランクののちにまたマラソンを走ろうと準備していました。でも，トレーニングをしても期待していたほど感覚が戻ってきません。大会までに時間がありませんでしたので，未来に注目した EMDR の手順だけを使うことにしました。実際に走り終わったブレンドンは，前回の完走タイムを 28 分も縮める記録だったと話してくれました。

エヴァン

エヴァンが相談にきたのは，大学の修士課程も最後の学期にさしかかろうとしていたときです。修士の学位を取って卒業するために合格しなければいけない試験は，残すところあと少しだけでした。エヴァンは中学校以来，テスト不安に悩み続けたにもかかわらず，修士課程まで何とか頑張ってきたのでした。でも，今学期は特に大変で，近々受けなければいけない試験

不安でたまりません。気がつくと，試験勉強から逃げていました。セラピーでは，未来に注目しながらEMDRを使ってみました。エヴァンは，頭の中でイメージします——試験の数日前から落ちついて座って勉強をしています，落ちついた気持ちで試験会場に入り，試験を受け，会場を去ります。はたして，実際にそのとおりになりました。

ベン
大学に入学してから5年が経っていましたが，ベンは学士課程の単位をまだ3分の1しか取れていなくて相談にきました。ベンは，聡明でしたが，座って勉強が続けられません。コースを取ると決めても，学期の最後に試験を受けませんでした。EMDRを使ったセラピーでは，未来に注目して，こなすべきところがしっかり終わるまで落ちついて座った状態で勉強し続ける自分の姿をイメージしました。すると，次の試験期間には，受けなければいけない試験をぜんぶ受けられました。それだけではありません。彼の向上は始まったばかりで，そこからが本番でした。落ちついて勉強できるようになったベンは，学士課程の残り3分の2の単位を2年で取り終えたのです。

<u>セラピストから一言</u>
未来に注目しながら取り組むと，直後の課題はうまくこなせます。ただし，それは過去に注目するEMDRに代わるものではありません。先にもお話ししましたが，問題の大元を見つけて治療しないかぎり，症状はいずれまた戻ってきます。ですから，未来に注目してEMDRを使う場面はある程度絞られるで

しょう。課題が目前に迫っているとき。または，その日のセッションが終わりに近づいて，あと数分しか残っていなくて過去の記憶をもうひとつ紐解いているほどの時間がないとき。そして，過去の出来事の記憶も現在症状を引き起こすきっかけもしっかり処理を完了して，セラピーそのものを締めくくろうとしている時期です。

　EMDR の長所として特にすばらしいのは，苦しい状況に対処する力を身につけると長続きする点です。これは，力が外から与えられているのではなくて，患者さんの内側から湧き出してくるものだからです。つまり，セラピストのアイディアやアドバイスではなくて，患者さん自身の中にあるものを拠り所にしているのです。EMDR では，セラピストと一緒に取り組みますが，扱っているのは患者さん一人ひとりの奥底にあるとても個人的な記憶とそれに関連する気持ちです。たとえば大学受験のために勉強したいけれども集中できないという問題でしたら，一緒に連想をたどりながら，必ずしも勉強に関係していなくてもかまいませんので，患者さん自身が長い間座って何かに集中できていたときの記憶を探します。子ども時代に何時間でも座ってプラモデルの飛行機づくりに集中した時間が見つかるかもしれません。集中していたときに患者さんの中にあった気持ちや感じを連想して，それを将来しなければいけない課題に結びつけると，実際に取り組むときに集中しやすくなります。

鎖を切って羽ばたこう

ガイ

　ガイが順調に就職して業績も上げていたのに対して，ガイの兄は何年もほとんど定職に就けずにいました。それなのに，ガイは，いつも心のどこかで「ぼくは兄の陰で生きている」と感じていました。セラピーでたくさん処理した中に，子ども時代の記憶がありました。両親が兄に，外でガイと遊んでくるように，ついでにガイも兄の遊び仲間に入れるようにと言いつけたときです。ガイは，子ども心にも自分は歓迎されていないと感じました。

　セラピーでは，1セッションごとにひとつのペースで記憶を処理して，子どものころに感じていた気持ちを思い出してもマイナスの感情が伴わなくなるまで続けました。たしかにずいぶん楽になったのですが，兄に関連した何かがまだ引っかかっていると感じました。そうこうするうちにもう少し最近の出来事の記憶を処理していたら，そこから連想がつながっていった先に，それまで意識的には思い出せなかった場面が表れました。ガイが5歳，兄が7歳で，母親に連れられて兄と一緒にパントマイム劇を見に行ったときです。パントマイムの役者がパフォーマンスを手伝う子どもを客席から選ぶ段になって，ガイに向かって手を伸ばしました。すると驚いたことに，母親が役者の手を取って，兄の手を握らせたのです。舞台に上がってライトを浴びたのは，ガイではなくて兄でした。日ごろから自由に思い出せる記憶ではありませんでしたが，連想をたどって思

い出すと，とても強い嫌な気持ちがしました。この記憶こそ，「お気に入りの子どもは兄」で「ぼくは兄の陰で生きている」という気持ちを頻繁に掻き立てている感情の大元でした。

セラピストから一言

EMDRを使うと，幼いころに経験したマイナスの出来事の記憶が現在の私たちにどんな影響を及ぼしているかに素早く気がついて，悪さをさせないように手を打てます。幼いころのつらい経験は，私たちの中でしばしば「批判的なつぶやき」を生み出します。EMDRを使うと，大元で悪さをしている記憶を見つけて，ちっとも生きる助けにならない自己の物語を，より生き生きとしたものに変えられます。セラピーが功を奏して幼いころの好ましくない経験の記憶がしっかり処理されると，もう，心にあるマイナスの声を「出し抜かなければ」と考えたり，それを打ち消すためにあらかじめリハーサルをしたり，あえて苦しい状況に身を置いて練習したりする必要もなくなります。過去の経験を抑え込んでおくためにエネルギーを使わなくてもよくなるのです。するとどうでしょう，以前なら「つぶやきには負けない」「衝動を抑えなければ」「自己の物語をまたもや変えなければ」といった努力に取られていたエネルギーが自由に使えるようになり，それを現在と未来に振り向ければ，本来の力が発揮できて人生が広がります！

もちろん，「足かせ」があっても努力をすると前に進めます。しかし足を引っ張る鎖となる出来事の記憶がなくなれば，もっと前に進みやすくなります。EMDRを使って，鎖を断ち切りましょう。

第5章

たとえば人前で話すときに頭が真っ白にならないようにするためのEMDR

「人前で話すのが怖い」症状は，いわゆる「聴衆」と呼べる対象のありとあらゆるパターンに対して起きるようです。第5章では，人前で話そうとするときに感じる怖さを例に，なぜ怖いのかについて考えられる原因，恐れの感情の本質，応急手当として何ができるか，どうしたら症状を大元から解消できるかのそれぞれの側面を，EMDRを使った治療の考え方に沿って掘り下げてご紹介しましょう。人前で話すときの怖さを例に挙げますが，現在何かが心に引っかかって力を発揮するのを妨げられているケースは，どれも基本的に同じといえます。

さて，一言で「人前で話すのが怖い」といっても，よくみると，不安になる条件や状況はさまざまです。たとえば，難しい内容をプレゼンテーションしなければいけないからうまく説明できるかどうかが不安な場合。テスト不安やあがり症のように「他者から評価」されるのが怖い場合。ミスをしてはいけないと考えていてベストの姿を示せるかどうかが不安な場合。

不安が自己価値の低さや「私は負け犬だ」といった信念からきている場合もあります。

なかには，立って名前と職業を言うだけでも怖いと感じる人がいます。こうした患者さんでは，失敗しないでこなせるかどうかが不安なのではなくて，注目の的になる点が問題になっています。

　見ず知らずの人の前で話すのは怖いけど，聞き手の人数は特に問題ではないという人もいます。つまり，聴衆が大勢でも身内の会合のように全員知っている人だけの状況なら大丈夫だけれど，そこにほんの数人でも知らない人が混じっていると，恐れで言葉が出なくなってしまいます。

　面白いところでは，人前は大丈夫だけれどビデオカメラを向けられたとたんに話せなくなるケースもあります。こういう人ですと，部屋に誰もいなくても，たった一人でカメラの前でかちんこちんに緊張しきってしまいます。

　恐れの気持ちは一般にそうですが，人前で話すときの怖さも，元をたどると，ある状況と嫌な気持ちとを結びつけた出来事の記憶から発生しています。たとえば，過去に人前で話そうとして頭が真っ白になった，落第した，批判された，笑われたといった出来事があって，そのときの記憶が，人前で話す状況と「失敗するかもしれない」と恐れる嫌な気持ちとを結びつけている場合があります。同じ思いはもうしたくないから，安全のために前回と似た状況を避け続けるケースです。

　また，幼いころに「仲間に入れてもらえない」と感じた出来事の記憶が，そのときの状況と，そのときに感じた苦しさや恐さとを結びつけていて，そこから人前で話す不安が発生しているケースもあります。仲間に入れてもらえなかった理由は，どもりがあった，経済的に苦しかった，変わった服を着ていた，

目立って背が低いか高いかした，極端に痩せていたか太っていた，小さいときからメガネをかけていたなどかもしれません。つまり，こうした経験の記憶は，注目の的になる状況と，そのときに感じた嫌な気持ちとを結びつけています。その記憶が生々しいままだと，嫌な気持ちが強いのでその後も注目の的になる状況を避け続けるようになります。実際には，ほとんどの患者さんが，現在感じている恐れと，恐れの中心にある古い出来事の記憶との結びつきを意識していません。EMDRを使って治療をしていく中で，そうした古い出来事が気づかないうちに自分に強い影響を及ぼしていたと知って，皆さんが驚かれます。たとえば，宗教系の学校から無宗派の一般の学校へ転校した患者さんがいました。宗教系の学校では先生が教室に入ってくると全員が起立して迎えたのですが，転校して新しい学校で初めての日に先生が教室に入ってきたときにいつもの習慣で立って迎えると，立ち上がったのは患者さんだけでした。他の生徒は患者さんを笑ってからかいました。そのとき以来，患者さんは，周囲が座っている中で自分だけが立つ状況を恐れるようになりました。私のところへ相談に来たとき，患者さんは，人前で話す状況が怖いと意識していましたが，恐れの気持ちをその遠い記憶と関連づけて考えてはいませんでした。セラピーで現在の恐れと過去の出来事の記憶とがつながると，先に起きた出来事の記憶を再処理して，後から起きる出来事に影響を及ぼさないようにできました。

　人前で話すのが怖いという60歳の信心深い男性の治療も，同じ流れでした。「時間を逆にたどって」過去を探ると，5歳のときに「ヘデル」と呼ばれるユダヤ教の小学校で，みんなの

前で椅子に座って無理に話をさせられた記憶がありました。そのとき，自分を見つめる全員の顔が脅威に感じられて，頭の中が真っ白になりました。この患者さんのケースでは，その記憶ひとつを処理しただけで，症状が一気によくなりました。

　別な患者さんでは，人前で話すときの怖さが，知らない人に対する恐れの気持ちと結びついていました。恐れは，幼いころに医療機関で治療を受けたときに「知らない人がぼくを傷つける」という気持ちが記憶に焼きついてしまった出来事から始まっていました。出来事の記憶に取り組むと，さまざまな場面で気軽に意見を言えるようになりました。

　そうした過去の経験が悪さをしていると，患者さんが意識していてもいなくても，聴衆の前で話をしなければいけなくなるかもしれない状況を避けて行動するようになります。同じ避けるのにも，スピーチのノウハウがないから避ける，または「リハーサルをして準備を万全にしておけば拠り所にできるものがあるとわかってスピーチができる」といった場合と，事前にリハーサルをどれだけするかの問題ではないという場合とがあります。リハーサルの量に関係なく怖い場合では，聴衆を前に話をしようとするときの心は，テスト不安のときの心に似ているでしょう。課題の内容は完全に理解していますが，実際にテストやスピーチをする状況になると，何も思い出せなくなったり頭の中が白くなったりするのです。テストが終われば，ぜんぶ思い出します。なかには，避けたくなる状況にそもそも遭遇しないですむように，自分の行動範囲を制限してでもそうした領域に最初から近づかないようにする人もいます。

　不安の根底にたくさんの問題が実はあって，人前で話すのが

怖いのは文脈のひとつに過ぎないという場合もあります。このケースでは，人前で話せないと仕事に差し障るので特に気になりますが，人生全体を見渡すと，不安に妨げられて本来の力を発揮できていない場面が，人前で話す状況に限らずもっとたくさんあるかもしれません。どんな場面で何に不安を感じているのかが自分でもよくわからなくて，取り組みの効果があまりないようでしたら，ぜひ一度セラピーを受けてみるとよいでしょう。

　ミュージシャンのように大勢の前で実演や講演をよくする人たちなら，リハーサルを何度もするうちに人前で話すのも怖くなくなるものだ，と思われがちです。でも，それは違います。ある研修会で指導をしたときに，参加者の中にいたミュージシャンが，人前で話すのが怖いと言いました。他の参加者は全員が笑いました。冗談だと思ったのです。だって，その人はちょっとした有名人で，大勢の前で頻繁に演奏しています。そんな人が人前で話すのが怖いなんてことがあるでしょうか？でも，私は休憩時間に彼に話しかけて伝えました。彼が冗談を言ったのではないとわかっている，なぜなら私のところへは，人前で話すのが怖いと相談にくるミュージシャンが他にもいるから。

　音楽業界では不安を「和らげる」ためにアルコールと薬物がよく使われますが，そうしたものは最後には不安を強めます。不安が過去の出来事の記憶が刺激されて引き出されてきているものなら，リハーサルを続けて不安な場面に慣れようとするのは，必ずしも不安を和らげるどころか，かえって痛いところに何度でも触れて刺激し続けることになりかねません。しかも，

問題の大元に取り組まずに慣れるための練習だけをしていると、状況が少し変わると元の「カプセル」が改めて刺激されて、オリジナルの強い不安がすぐに戻ってきます。たとえば20人の前で話すのに慣れても、200人の前で講演を頼まれたらまた不安になるでしょう。頑張って200人の前で話すのに慣れても、次に1000人の前でお願いしますと言われれば、またとても不安になるでしょう。母国語で講演するのに慣れても、外国語で頼まれたら、またもやカプセルが刺激されるでしょう。なぜなら、結局大元の出来事の記憶がしっかり処理を完了されるまでは、カプセルはいつまでもそこにあって、現在の中で活性化され続けるからです。

不安なときには身体の中で何が起きているの？

私たちの身体には、普段用と緊急時用の2つの処理システムが用意されています。日ごろはもちろん普段用システムが働いているわけですが、何かに脅威を感じてストレスがかかると、緊急時用システムに切り替わります。緊急時用システムが作動しはじめると、血液をはじめとしてその他の身体の資源が、生命維持の点でひとまずそれほど重要ではなさそうな部分にはあまり回らなくなり、たとえば一目散に逃げるために必要な手足の筋肉などといった危険回避で重要な部分に振り向けられます。緊急時にはそれほど重要でないと判断されて、そういう意味で影響を受ける3つの系統があります。その中のひとつが、「人前で話すのが怖い」と感じたときの私たちの振る舞いと特に密接に結びついています。

緊急時に影響を受ける系統のひとつは，生殖系です。危険が差し迫った状況では「おまけ」でしかないので機能ダウンします。

　２つ目は，消化器系です。強いストレスがかかると，食べ物を消化している場合ではないので，腹痛，下痢，吐き気，嘔吐などを起こして食物を身体から出してしまおうとします。そうして，消化器系に回していた分の血液などを緊急時用システムに振り向けます。

　影響を受ける３つ目の系統は新皮質，つまり脳の中でも論理的な思考を司る中枢です。だから，ストレスがかかると筋道立てて考える力が影響されます。強いストレスがかかると，たった１分前まで覚えていたことも思い出せないという状態が起こりますが，それは一時的に新皮質につながらなくなっているからです。新皮質へのつながりが妨げられている状態では，一種の胸騒ぎがして，今いる場所から逃げ出したいと感じます。つまり，これは生存本能に他なりません。

　不安がとても強いと，論理的に考える力が，普段の状態からは考えられないくらい大きく影響される場合があります。患者さんの一人に，会社でたくさんの部署を統括するトップマネージャーの立場の人がいました。彼女が，学習障害に関連した項目を調べるテストをたまたま受けに行きました。実際のテストに先だって，彼女がテストの対象になるかどうかだけを調べるための質問として「７引く４は？」と聞かれたとき，あまりに不安だった彼女は，質問に答えられずに，そのまま席を立って帰ってきました。

　そんな質問，普段の彼女ならもちろん眠っていたって答えは

わかります。でも，急に強いストレスがかかって身体が緊急時用システムに切り替わったので，論理的思考ができなくなって，頭が真っ白になったのです。緊急時用システムの支配下では，どれほど課題を知りつくしていても，何回リハーサルをしていても，新皮質にどうにもつながらなくなります。そうなると，整理された情報を思い出したり引き出したりできません。ストレスの強い状況が過ぎてしまえば，新皮質にもつながってまた論理的に考えられるようになります。ご存じではないでしょうか，この次に大変な場面になったら何をするかを完璧に考えて決めておいて，いざその場面になると見当違いの振る舞いをしてしまいます。そして，状況が落ちつくにつれて，「いったい私は何をしていたんだろう」と言いながら我に返る，あの経験です。こうしたふるまいは，身体が緊急時用システムの支配下で反応しているときの心の状態と関連しています。

　もちろん，不安の強さもいろいろで，必ずしも急激で強いとは限りません。また，どの程度の不安にどう反応するかも人それぞれで，同じ強さで苦しむ人とそれほどでもない人といます。でも，ときには，ほんの少しの不安に身体が反応するだけで，不安を掻き立てる状況を完全に避けようと行動するのに十分な場合もあります。

　たとえば観光バスに乗った場面を思い出してみましょう。観光スポットでいったんバスを降りてからもう一度乗り込んだときに，先ほどと全く同じ座席に座らないとほんの少し居心地が悪く感じられるものです。この落ち着かなさは，脳の一部が自分の周りの環境に危険なものがないかどうかを調べていて，そこからきています。先ほど座っていた場所についてはもう調べ

終わって安心していますが，ちょっと違う場所に座ると馴染みがないので，脳が働いて落ち着きのなさを感じます。さっきまで乗ってきた観光バスの中の話ですからどこに座ってもまず安全と考えられるのですが，それでも，ほんのわずかな落ち着きのなさを感じるだけで，私たちは不安を避けて先ほどと全く同じ位置がよかったと思うのです。人前で話をするときの怖さも同じ仕組みですが，かすかな不安からでも結果がもっと大きく表れるといえるでしょう。怖い気持ちが少しあるだけで，聴衆の前で話をする機会を，ときには無意識のうちにさえ，ことごとく避けて行動させるのに十分なのです。

　人前で話すのが怖いというだけで紹介状を持たされてセラピーにくる人はまずいません。日常生活が送れなくなるほどの問題ではありませんし，状況を避けようと思えば避けられるし，生活が多少制限されて不便と感じるくらいですむものだからです。でも，何にしても状況に耐えられなくなるまで待つ必要はありません。どんどん専門家に相談してみましょう。

　つまり，不安をいくらかでも感じるのでしたら，助けを求めましょう。たとえ耐えられるくらいの苦しさでも，セラピーを受けると，妨げの感じがなくなって人生でもっと思いきり力を発揮できるようになるでしょう。

本番であがって話せなくなってしまったら

　今まさにステージに上がって演奏しよう，またはプレゼンテーションを始めようとしているとします。本番です。ところが，たとえば口の中が乾いてきて（消化器系の機能が低下し

ていますから），不安を感じてしまったらどうしましょう。そんなときは，唾液の分泌を促すか，水を飲むとよいのです。口の中に水分を含むと，消化器系がまた働きはじめて，身体へ合図を送って，今は普段の状態で緊急時ではないと知らせます。だからこそ，古いイギリス映画でたまに見かける台詞に，「閣下，全員が死にました。お茶でも飲みましょう」といったフレーズが出てくるのです。この期に及んで，なぜお茶を？！ 実は，お茶を飲むと消化器系から合図が出て，普段用のシステムを呼び起こして緊急時システムはもう必要ないと知らせるので，これは理にかなっているのです。

人前で話すときにあがらないための治療 ——昔と今

　思えば，人前で話すときに怖くならないですむようにと，あまり効果のない方法を従来からいろいろと行ってきたものです。生い立ちを長々と語ってみましたし，セラピストが促して問いかけもしました。人前で話すときの恐れは，あなたにとって何を意味していますか？　この恐怖は，いったい何の役に立っていますか？　あなたの両親はこの恐れにどのように荷担しているでしょうか？など。こうした古い方法は，気づきさえすれば変わるはずだという間違った前提に基づいています。

　今では，別な方法がいくつか工夫されています。認知行動療法では，マイナスの気持ちを生み出す否定的な信念を見つけて，肯定的なものに変えようとします。たとえば，「完璧でなければ価値がない」「うまくこなさないと何かとても悪いこと

が起きる」といった否定的な信念を見つけて引っ張り出してきて，それに反論します。この方法がまずいのは，否定的な信念に対処しようとしているけれども，信念が発生してくる大元には取り組んでいない点です。いくらか効果があるかもしれませんが，望ましいほどとはいえません。

曝露療法を取り入れた治療法もいくつかあります。患者さんは練習に練習を重ねて，慣れてくるとたしかに怖い気持ちが少しずつ和らぎます。でも，残念ながら，練習のときと全く同じ状況についてしか怖さが和らがないので，状況が少しでも違ったら，たとえば聴衆の数や講演をする言語が変わったら，練習を初めからやり直さないといけなくなります。それに，下手をすると，練習をするたびに失敗の経験を重ねている状態になりかねません。当然新しい苦しさがどんどん積み重なります。不安がある程度以上強い場合には，練習をすると和らぐのではなくて，ますます不安になるかもしれないのです。

バイオフィードバックと呼ばれる方法では，患者さんは呼吸や心拍数といった身体の機能を観察し，もっとコントロールできるようになって，リラックスした状態へ導こうとします。たとえば呼吸の仕方を工夫したりします。でもこの方法も，行動だけを変えようとしていて問題の大元に取り組んでいません。

EMDRの考え方は，こうした方法のどれとも違います。EMDRでは，好ましくない行動の大元を恐れの感情や否定的な信念だとは考えません。怖れや否定的な信念も行動と同じで症状に過ぎなくて，そうしたものすべてを生み出している大元には，過去の出来事の記憶が生の状態で収まったカプセルまたはカプセルの集合があると考えます。

私たちを苦しめる「症状」を治療するとき，EMDRでは大きく分けて2つの取り組みをします。

　ひとつは，記憶が悪さをしている過去の出来事を探します。つまり，聴衆の前で話そうとするたびに刺激されて不安を生み出しているカプセルを作った出来事を見つけます。たとえば，「授業中に氏名されて黒板の前に立ったら頭が真っ白になった」「発表したらクラスのみんなに笑われて，それ以来手を挙げていない」「大事な商談のときに何も話せなくなって，大きなチャンスを逃した」といった出来事です。もちろん，セラピーを受ける前から記憶に気づいていなくても大丈夫です。先にもお話ししたように，苦しさに関わる記憶は，セラピーの中で見つけられます。悪さをしている出来事を見つけたら，もうひとつの取り組みとして，出来事の記憶の再処理を完了します。そうすると，症状が消えます。

　EMDRを使うと，普通はたった数セッションこなすだけで効果が見え始めます。セッションは，間隔が空いていてもかまいませんし，短い期間に集中していてもかまいません。また，EMDRを使って「苦しい出来事の記憶の処理を完了した」という場合，症状が消える成功率は，出来事の数や性質にもよりますが，セッションを重ねて77〜90％と，科学的にはかなり高いといえる可能性を期待できます。注目するべき問題がはっきりしている場合，また問題がそれほど深刻ではない場合には，3〜12回程度のセッションでそれだけの効果を期待できます。

　たまに，本来のセラピーをしている時間がない場合があります。たとえば2日後に重要な課題や実演を控えたタイミングで

不安を何とかしてほしいと相談にきた患者さんのようなケースです。そんなときは，ひとまず，将来に注目したEMDRの手順を使うと役に立ちます。これは，競技大会を目前に控えた選手やステージ直前のミュージシャンに使う方法と同じで，出来事が実際に起きる前に，力を十分発揮できた物語として体験を先取りしておくともいえるでしょう。課題で成功するイメージが頭の中にできているので，本番でそれを拠り所にして不安を和らげられるようになるのです。

　ただし，これはシンデレラとカボチャの馬車に似ています。シンデレラの「魔法」は，午前0時までしか効きませんでしたね。根本的なところに不安があるのにしっかり取り組んでいなければ，将来に注目したEMDRを使っても効果はもって数日で，いつもの不安が必ず戻ってきます。ですので，将来に注目したEMDRを使うのは，人前に立つまでに数日しかないのにどうしても不安が強い場合に，応急手当として使う分にはよいでしょう。本来のEMDRで苦しさの根本に取り組むには，本番までに数週間あれば十分です。刺激されるたびに不安を生んでいた過去の出来事の記憶を見つけて再処理すると，人前で話をするときに怖くなくなります。忘れないでください，EMDRでは必ず問題を大元から治療したいのです。ねらいどおり苦しさの中心にある出来事を射抜いて，記憶を最後まで処理すれば，人前で話す怖さなんて忘れるでしょう。

　　「私は，他の仕事のかたわらミュージシャンとしても仕事をしていて，月に何度もステージで演奏します。不安はいろんな場面で感じますが，ステージでも，演奏中に不安

が高まって苦しくなります。ミュージシャン仲間にはよくあることなのですが。セラピーでは，まず人生で感じている不安を生み出した最初の出来事の記憶を見つけて再処理しました。次に，ステージで演奏しているときの不安にもっと上手に対処できるようになるために，将来に注目した EMDR を使って，自信を高めてくれるポジティブな経験を先取りしました。コンサートの数日前のタイミングを見計らって，のびのびと演奏している自分の姿を想像して，自信，強さ，耐える力といった拠り所にできるプラスの要素を心に植えつけるのです。これは効果絶大でした。ステージ以外にもこの方法を応用すると，社交的な場面やセックスのときになかなか役に立ちました。セラピーでは，他にも『気持ちが落ち込んだ』ときについ甘いものをむちゃ食いしてしまう行動に取り組みました。このときも，この行動パターンを身につける元になった初めの出来事を探して，同時に『落ち込む』原因も探して治療しました。こうして，不安だけでなく，自分でも嫌だと思っていた行動パターンもやめられたのです」

第6章

EMDR 外典

すんなり受け入れてもらえない EMDR

精神科医で神経学者でもあるダヴィド・セルヴァン・シュレベール博士は，著書『フランス式「うつ」「ストレス」完全撃退法』（邦訳書：アーティストハウスパブリッシャーズ，2003）の中で次のメッセージを伝えています：

> これまでの開発の経緯でなんとも不思議なのは，EMDRが学究筋の精神医学や心理学から抵抗にあってきた点です。PTSDの治療や研究をするときにいちばん頻繁に参照されるデータベースは，米国退役軍人局の支援を受けて運営されるPILOTSデータベースです。2000年の時点でそこに含まれる文献を見ると，ある治療法を受けるグループと，それ以外の治療を受けるグループや治療を受けないグループとを比較することでPTSDへの治療効果を調べた臨床試験は，他のどの治療法よりもEMDRに注目したものがたくさんありました。それだけ

EMDRへの期待が大きくて，厳密に研究されてきたということです。EMDRの研究結果はあまりにも目を見張るものだったので，メタ解析と呼ばれる方法を使ってそれまでに発表されたすべての論文を対象に分析した3件のレビュー研究は，EMDRは少なくともこれまでに知られるいちばん効果のある治療に匹敵する，とまとめています。また，たいがいの場合に，いちばん負担が少なくて効果が早く表れる方法だともいえそうです。

セルヴァン・シュレベール博士の本が出版されてからこれまでの間に，EMDRはアメリカ精神医学会からも世界保健機関（WHO）からもしっかりした治療法と認められました。その後に増えた論文も含めて改めてメタ解析をした新しい研究もどんどん発表されていますし，EMDRで治療をする精神科医も増えています。でも，EMDRと比べてはるかに長い時間がかかる方法（特に精神力動療法と精神分析）を使い慣れているセラピストたちは，EMDRに抵抗し続けています。セラピストたちの抵抗が目立って強い国もあります。そうした動きは，大きく前進して変わろうとするのを恐れる姿勢の表れといえて，もちろん残念なことです。

セルヴァン・シュレベール博士は続けます：

　それなのに，EMDRはいまだに「見解に食いちがいのある」アプローチだと，アメリカの大学関係者の間では言われています（同じ大学関係でもフランス，オランダ，ドイツ，イギリスはそれほどでもないのですが）……もっとも，医学の歴史を振り返れば，そうした見解の違いはめずらしくもありません。理

論が説明できるよりも先に何か大きな発見や進歩があると，とりあえず強く反対してみる人たちが，特に幅を利かせている機関あたりに必ずいるようです。新しい治療法が「自然」と言われて「簡単すぎる」ようであればあるほど，抵抗が強いようです。

でも，よく注目してください。一部の専門家たちの間で意見が一致していないのは，EMDRは効果があるかどうかの点ではありません。効果があるのは，見ればわかります。どの研究も治療効果を示していますし，苦しさが和らいだと話す患者さんも大勢います。EMDRが科学的根拠に基づく医療だといわれるものだからこそです。意見が一致していないのは，EMDRが効果を発揮するときに脳では何が起きているかの細かいメカニズムの部分です。でも，脳科学は日進月歩で，毎日のように新しい研究が発表されて，脳の中で働くメカニズムもさまざまなものが推測されているので，EMDRの目を見張る効果を説明する仕組みもいずれわかってくるでしょう。とりあえず今はっきりいえるのは，仕組みがすっかりわかっている心理療法などないということです。どの治療法も，脳で何がどうなって効果が表れるのかを完全に説明できていません。効果のメカニズムについていえば，心理療法はどれも一緒で具体的には何も知られていないのですから，要するにその点は考えなくてもいいのです。それもひとえに，脳がまだ完全に解明されていないからです。

「効果があるのに抵抗にあっている嘆かわしい状況」を，セルヴァン・シュレベール博士が何年も前に伝えたわけですが，

EMDRをめぐる状況は，実をいうと，今でも多くの国であまり変わっていません。これだけ確かな臨床報告を読んで，患者さんや実践する専門家たちの声を聞けば，本当に患者さんたちのことを考えて先入観を持たずに心を開く人なら，EMDRがどれほど役立つかを決して無視できなくなるはずです。これまでの治療法と比べるとほんのわずかといえるほどの短い期間で苦しみを和らげられるのですし。

どうも，私たちは，時間がかからない治療は「応急手当」でしかないと考えるのにすっかり慣れてしまったようです。でも，素早いからといってあなどるなかれ。何千時間も治療してきた私の経験では，EMDRこそ「根治」といえます。他の治療法は，同じプロセスをゆっくりと進めるだけです。

患者さんはもちろん，医療関係の方々にも，ぜひEMDRに関心を持って学んでほしいと思います。EMDRは，手法のひとつとして開発されているだけではありません。徹底的に研究されていて，文献が豊かです。興味を持ってどんどん調べると，EMDRの奥深い世界が広がるでしょう。

セラピストたる者として

治療関係は，平等な人間関係ではありません。セラピストと患者さんの関係は，友達同士のように立ち位置が全く同じ関係とは違います。上下があって，時間と場所も限られて，もちろんお金もかかります。

どうみても，日常生活で経験するどんな人間関係とも似ていません。だから，治療関係さえ結べば自然に治療が進むという

ものではなくて，あえて結ぶその関係の中で何がなされるかによって治療効果があるかどうかが変わってくるはずです。

　時間の面を考えても，友達や同僚や家族たちからでしたら，何時間でも注意を向けて話を聞いてもらったり気遣ってもらったりするのが自然で，お金を払う必要もありません。でも，セラピーを受けている時間は，そのためのお金を払います。だから，患者さんにとって，セラピーのゴールはただ単に週に1時間だけ注目してもらうことではないはずです。私は，高いお金をいただきながらただ話を聞いて気遣うのではなくて，払ったお金に見合うと患者さんに思っていただけるだけの質の高いセラピーを提供しようと心がけています。

　「人生は闇で，セラピーを受けている1時間だけ光が射す」という考え方には反対です。私はむしろ，セラピーの1時間を使って，初めは次回までの1週間を明るくし，治療が終わってセラピーを卒業するときには患者さんが自分自身の力で人生全体を明るくできるまでになっていなければ，と思います。

　だから，ある人が日ごろ周りから気遣ってもらえないと感じて苦しんでいるのでしたら，私は，セラピストとしてお金をいただく以上，週に1時間だけ気遣ってもらった感じを味わうのではなくて，気遣ってもらえない苦しさをそもそも生み出している大元を取りのぞくお手伝いをします。患者さんと会っている1時間の中で，理由や原因を探ります。周りの人を信頼できないからでしょうか？　社交が下手だからでしょうか？　自分に価値を感じられずにいるでしょうか？　どんな理由でも，見つけたらすぐに対処して，患者さんが周りの人たちと考えや感情を共有して，必要な注目を受けられるようにします。それ

が，患者さんの本来あるべき姿のはずです。私の患者さんたちではありませんでしたが，「誰かが本当に耳を傾けてくれるのはセラピーのときだけ」と話す声を何度も聞いてきました。さぞ苦しかったことでしょう。周りで支えてくれる人が誰もいなくなってしまっています。大元に対処せずに状況をそのままにして，ただ1時間だけ耳を傾ける類のセラピーは，続ける価値がないどころか将来の幸せと人生にとって有害とさえいえます。

　数カ月前です。地方で行われたイベントから，ある青年と車を乗り合わせて帰ってきました。よくあるのですが，その青年も，私がセラピストだと知るとすぐに心を開いて身の上話を始めました。ガールフレンドとの関係が虐待的で足を引っ張るものになっていてとても苦しい。でもどうしてもその関係から抜け出せないでいるのだ，と。生い立ちを尋ねると，子どものころに両親，特に母親によく殴られたと言います。それならどうして心理面で助けを求めないのかと聞いてみました。

　すると，青年は驚いた様子で答えました。セラピーならもちろん受けていて，もう1年半にもなる。ただ，状態がいくらかでもよくなったかといえば，全くそんな気はしない。セッションのたびにその1週間に何が起きたかをセラピストに話してきたけれども，それで自分の症状がどうよくなるのかが今もぜんぜん理解できない，とも。それから，私だったらどう治療するかと尋ねたので，私は答えました，「私だったら，虐待された子ども時代の記憶をあなた自身が最後まで処理できるように一緒に取り組みます。子どものころに体験した虐待と，現在の虐待的な関係から抜け出せないでいることとは，密接につながっ

ていそうです。過去の記憶を最後まで処理すると，あなたの今の気持ちがどう変わるかがわかるでしょう」。1週間後に，私たちのセラピーが始まりました。一緒に取り組んでいくうちに，青年は力をつけて，まもなくガールフレンドとの虐待的な関係にピリオドを打ちました。

　それで思い出しましたが，何年も前にこんな出来事がありました。ある男性が話しかけてきて，この3年間，すばらしいセラピーを受け続けているのだと言います。セラピーが待ち遠しくて，セラピストは完全に自分を理解してくれている。「この上ない幸せです」と彼は絶賛します。「それはすばらしい。セラピーに通い始めた理由は何だったのですか？」と私は尋ねました。「不安と，それから女性となかなか親密になれないことでした」と彼は答えました。私はさらに問いました，「なるほど。それで，初めの苦しさは多少とも和らぎましたか？」。ちょっと胡散臭そうに顔をしかめた彼は，じきに私のところへ通い始めました。EMDRを使って一緒に取り組むと，不安が消えました。彼には生まれて初めて恋人ができて，二人の関係は今でも続いています。

　こうした出来事が何回もあったので，セラピーにまつわるよくある間違った思い込みをまとめて，付録Bにご紹介します。思い込みに振り回されると，文字通りとても高くつきかねません。たくさんの患者さんと出会ってきて，そうした古い先入観さえなければ食い止められただろうにと思われる，心の痛むケースがたくさんありました。

　たとえば，今でも忘れられません。初めてお会いする患者さんがセラピールームに入ってきて，辺りを見回して言いまし

た，「椅子が同じ高さなのですね！」。同じ椅子を2脚買ったのだと答えてから，なぜ驚くのかと尋ねてみました。私の頭はすでに働き始めて，彼女が物事の対称性が気になってこだわってしまう症状に苦しんでいるのかもしれないと考えていました。不安が強い患者さんには実際によくある症状です。ところが彼女が答えるには，自分が驚いた理由は先のセラピストからセラピストの椅子は患者さんの椅子よりも高くなければいけないと聞いていたから，だと言うのです。私のセラピールームではセラピストと患者さんそれぞれの役割と椅子の高さとは全く関係ない，と説明しました。

　別な患者さんも話してくれました。以前に一度だけですが，セラピストのオフィスに着いたときに少し疲れていたので，できればコーヒーを一杯いただけないかと頼んだことがありました。すると，それからの50分間というもの，つまりかなりの料金をとりながら，セラピストは説明し続けたそうです。患者さんがその日にコーヒーを求めた行動が何を意味するか。それまでのセラピーでコーヒーを求めなかったのはなぜか。コーヒーを求めた行為から，セラピールームの中のセラピストと患者さんの関係について何がわかるか，などなど。それ以来，そのセラピストに何かを頼もうなんて，とてもじゃないけど怖くてできなくなったそうです。水一杯さえお願いできませんでした。

　精神力動療法のセラピーを受けると自分が実際よりもかなりバカに感じられる，と話してくれた患者さんもいます。セラピーへ行くたびに，予約時間よりも少し早く着いても，少し遅れても，時間にぴったりでも，それが何を意味するかの解釈を

セラピストから延々と聞かされるのです。

あるビジネスマンは，伝統的なセラピーはまるで安定した継続注文だと言いました。1週間後にまた1時間のセラピーがあるのがわかっているので，それを前提に，それまでの1週間に何があったかを話し，今回の1時間の中で何が起きているかを話し合えるのです。

フロイトは，精神分析の領域では天才的で，偉大な理論家でしたが，たくさん残した患者さんたちの記録は研究といえるものではありませんでした。だいたいが症例を集めて報告しているだけです。おまけに，セラピストとしては残念ながらその人たちをほとんど助けられませんでした。

私は，EMDRを使って何千時間と治療してきました。国内外の同僚たちとも話し合って，何百という論文を読みながら，心理療法の分野のさまざまな取り組みをよく観察してきました。その結果，信じるようになりました。EMDRこそ，私たち人類の心を明るくして希望をもたらすもので，現代の心理学が待ち望んでいた新しい大きな流れにちがいありません！　これからは，誰でも，苦しいと感じたときに，悠長にではなく素早く，しっかり効き目のあるセラピーを受けられるのです。

たった一度の人生ですもの，やっぱり持っている力を発揮しないと！　心の妨げや不安を取り除く方法があるのに，苦しさを抱えたままでのびのび生きられないなんて，残念です。EMDRが開発されたからには，心理療法もこれからどんどん変わるでしょう。この本は，その大きな流れに私なりに貢献するために書きました。この本を通じて，心理療法をめぐるよくある思い込みをいくつか取りのぞきたいと思います。たとえ

ば，心理療法では誰かに話を聞いてもらって共感しながらコメントしてもらいさえすればよい，と考えるのは間違いです。そうした一般の思い込みを取り除いたら，次に，未処理になっていた過去の記憶を最後まで処理する方法，それも患者さんの中に元からある力を使って処理する方法を，今日のセラピーの主流にしていくお手伝いをしたいと思います。

EMDRを開発したフランシーン・シャピロ博士
　　──気づきが科学を推し進める

　フランシーン・シャピロ博士は，英文学の博士課程の学生だったときにガンと診断されました。幸い治療がうまくいって治癒したのですが，やはりそれなりに思うところもあったのでしょう，キャリアの方向を変えて，最終的に心理学の分野で博士号をとりました。博士がいちばん関心を持ったのは，心と身体のつながりと，感情面で苦しむと身体も弱る点でした。

　科学の歴史を振り返ると，何かが新しく発明されるときには偶然がいたずらをしている場合がめずらしくありません。たまたま何かが見つかって，興味を持った熱心な科学者が実験を何度でも繰り返して，理論や確立された手法へと発展させます。EMDRもそうでした。発見者のシャピロ博士がある日たまたま気がついたのは，レム睡眠（夢をみる睡眠）の目の動きを真似ると気分が明らかによくなることでした。

　普段と少し違う新しい状況になっても，初めてなら，たいがいの人が，妙だと一瞬思うだけでほとんど気にも留めないでそのまま忘れてしまうでしょう。ところが，科学者となると違

います。彼らは，食いついたら「離れません」。シャピロ博士も，いつもと違う何かが起きたと気づいたときに，直前の状況と結果を再現して，直前の状況で普段と違うのは目の動きだと突きとめました。レム睡眠の目の動きを自分で再現してみてたしかに気分がよくなるとわかると，同僚や友人や，その他にボランティアとして参加してくれる人たちにも試しました。それから実際の治療で確かめるために，戦争神経症と呼ばれる重いPTSDの症状に苦しむベトナム帰還兵の治療の中でその方法を使い始めました。それが，シャピロ博士の博士論文の研究になりました。試行錯誤を繰り返したシャピロ博士は，つらい事故またはたった1回の大きな事故の場合だけでなく，感情面で大きな苦しみを経験してトラウマやそうしたトラウマが積み重なってしまった状態に苦しんでいる場合にも使える方法を作り上げました。

　心理学と医療の分野にEMDRの大きな流れを起こして，世界中にいる何百万の患者さんたちの人生を明るくしたシャピロ博士には，ノーベル賞が贈られてよいと思います。シャピロ博士はこれまでに以下を受賞しています：

- オーストリアのウィーン市が心理療法に貢献した人の中から受賞者を選ぶ国際ジグムント・フロイト賞。心理療法のセラピストにとってはいちばん名誉のある賞です。
- トラウマ心理学の分野の発展に特に優れた貢献をしたとして，トラウマ治療部門でアメリカ心理学会賞
- 心理学分野の優れた科学的な貢献に対するカリフォルニア州心理学会賞

付　録

付録A　セラピーをいつ受けたらいい？
　　　　　何を期待できる？

一言で言うと：つらくて苦しいとき，または，妨げる感じが
　　　　　　　あって先に進めないとき。

もっと詳しく言うと：
A. 何かのつらい症状に苦しんでいるとき。たとえば，不安が強い，悪夢にうなされる，癇癪(かんしゃく)を抑えられない，発作的に泣き出してしまう，劣等感が強い，抑うつ気分や絶望感におそわれる，何かをがまんしよう，忘れようとするときに代償行動としてむちゃ食いやセックスや買い物をしてしまう，など。
　こうした気持ちは誰でもたまには感じるものですが，どんどん苦しくなりそうな兆しがあって，つらい気持ちがいつになく強く，とても頻繁に感じるようになった，生活の他の面にまで影響を及ぼし始めた，などでしたらセラピーを受けましょう。
B. 何かを乗り越えようとしているとき。それは目の前の危機かもしれませんし，過去のつらい経験やこれから立ち向かおうとしている難しい課題かもしれません。テ

ロ，交通事故，親友や愛する人を失うといった大きな出来事から，もっと日常的なレベルでパートナーと別れた，社交の場や恋愛関係で拒絶された，失敗して契約を更新してもらえなかった，失業した，などまであるでしょう。

C. 人生にマヒした感じがあるときや，袋小路に入り込んでしまって前にも進めないし状況そのものも変えられない，つまり人生で身動きがとれなくなったと感じるとき。人間関係が苦手，キャリアの方向や昇進の可能性が見えないといった具体的なことから，もっと漠然とした空虚さや人生の目標を失った感じがするなどまであるでしょう。

具体例を挙げると：

・トラウマ的な出来事の記憶に苦しんでいる──事故，他国からの攻撃，テロ，親友や愛する人の死などを経験した
・人生の危機に苦しんでいる──裏切り，別れ，離婚，失業，無職，産後うつ病などに直面している
・不安や恐怖症を乗り越えようとしている──公的な場面が怖い，テスト不安，あがり症，犬が怖い，歯科恐怖症，繰り返し見る悪夢，といった症状を克服しようとしている
・問題だとわかっているのに繰り返してしまう行動パターンを変えたい──社交的な場面でも恋愛関係でも親しくなると距離を上手にとれなくなる，癇癪を起こしてしまう，毎回自分に不利な決断をしてしまう，いつまでも決められな

い，先延ばしする，などのパターンから抜けたい
・心で妨げになっているものを取り除いて本来の力を出し切りたい——スポーツ選手なら競技大会の前に成績を伸ばしたいとき。学生なら重要な試験，全国統一試験，心理テストなどの前。演奏家ならステージやオーディションの前。ビジネスマンなら，プレゼンテーションや交渉の力をつけたいとき，昇給や昇進を願い出る前に自信を高めておきたいときなど。

あなたのEMDRおすすめ度チェック：

・つらい気持ちをずいぶん長い間感じ続けている，または何かの危機や出来事の後から感じ始めたけれども，どうやら自然には和らぎそうもないですか？
・何をしなければいけないかが頭ではわかっているのに心に妨げるものがあって，壁を破って踏み出せずにいますか？
・ある行動パターンがプライベートな生活でもキャリアの面でも足を引っ張っていると気づいたけれども，気づいただけではやめられないともわかって，悩んでいますか？
・つらい気持ち，恐れ，心配などにつながるので注目の的になるのが嫌で，公の場で発言する機会をことごとく避けているから，プライベートでもキャリアの面でも力を発揮できなくて損をしていると感じますか？
・スポーツ関連か，仕事か，プライベートか，ともかく近々こなさなければいけない難しい課題があって，成し遂げるために力づけて背中を押してほしい問題があります

か？

　ここに挙げた5項目のうちのどれか1つにでも「はい」と答えたのでしたら，セラピーをお勧めします。EMDRの治療手順のどれかがきっとお役に立つでしょう。

EMDRを使うセラピーでは

- 一緒に取り組みながらあなた自身とあなたをとり巻く環境への理解を深めます——EMDRを使わない心理療法の中には，苦しい行動へ走らせる原因に気づきさえすれば問題は解決すると考えるものがたくさんあります。その考え方に沿って進めると，セラピーでは気づきを深める点だけに注目することになります。実際には，それだけでは全く不十分です。なぜなら，行動や原因に気づいて変わりたいと思う段階の次に，変わるための力をつける段階が必要になるからです。そこでEMDRでは……
- 従来の心理療法で提供するものとは違った新しい道具を提供します——新しい道具を使って，症状やきっかけを理解し，視点を広げて，苦しさの原因を見つけて感情を処理します。道具を使うと，勇気が湧いて新しくいろいろなことを試しやすくなるので経験が広がります。
- 過去のつらい出来事の記憶を再処理します——出来事の記憶が未処理になっていると，いつまでも悪さを続けます。EMDRを使って記憶を最後まで処理すると，記憶が悪さをしなくなり，人生を先に進めるようになります。

付録B よくある損な7つの思い込み

A. うつ病になる理由や身動きが取れない状態になるだけのはっきりとした理由があるかぎり,セラピーを受けたって何も変わらない。

まず,感情や気持ちを理解しようとするときに参考になる指標はひとつきりではありません。感情の状態でいちばんわかりやすいのは大まかな向き,つまりプラスかマイナスかでしょう。それは,たしかに大きい要素ですね。でも,唯一の尺度ではありません。感情の向きしか見ないで考えや姿勢を固めてしまうと,気持ちがマイナスなのだから苦しくて当然だと思い込んだまま,治療を受けるきっかけとなるはずの他のシグナルを見過ごしてしまうかもしれません。感じている苦しさをよく理解して助けを求めるべきかどうかを考えるには,マイナスの感情について以下も眺めないといけません:

1. 強さ
2. どれほど続いているか。どれくらい頻繁に感じるか
3. どの程度人生の他の面に影響を及ぼして妨げになっているか

こうした指標を無視すると,「はっきりした理由があるのだから苦しいのも当然」と考えて,生きる力が落ちるのを「仕方がない」と正当化してしまいます。そして,治療が必要と判断

するためのその他のシグナルで,たとえば過去のある出来事以来苦しくなって,今でも何かのきっかけがあると嫌な気持ちが特に強くなる,といったヒントを見落とすかもしれません。

　次に,苦しさの元が自分の力ではどうにもならない現実的な問題と関連していても,だからといってしっかり治療する方法がないわけではありません。避けられない苦しい現実問題があって,たとえ状況が慢性化していても,セラピーで取り組むと,つらい現実の中でも苦しさを和らげる強さを身につけられます。

　地震を例に考えてみましょう。EMDRは,地震の被害に遭って苦しむ人たちを治療できます。「意味ないじゃない。言いたくはないけど,どうせまたすぐに地震は起きるんだから」と思う人も中にはいるでしょう。ところが,地震で恐ろしい経験をしたときの記憶をしっかり最後まで処理しておかないと,また揺れが来るたびに,記憶が生々しくよみがえってとても不安になります。でも,先の地震の記憶を最後までしっかり処理しておくと,次に揺れがきても不安がよみがえりません。それどころか,むしろ先の地震からしなやかに回復して生き抜いた感覚を拠り所にできるようになるのです。ですので,EMDRを使って過去の出来事の記憶を再処理すると未来の出来事をしなやかに受け止める力が生まれる,といえるでしょう。

　B. 心理療法に期待できるのはせいぜい気づきを深めることくらいだ。でも,気づけば,あとは自分がしっかりしさえすれば変われるはず。

　何に悩まされているのかに気づいてその感情がどこからくる

かを知るだけでほとんどの問題が解消される，と前提しているセラピーがたくさんあります．そうした治療では，患者さんの考え方や行動に影響を与えている人間関係や心理プロセスに注目して，気づきを深めようとします．でも，何かを実際に変えるには，気づきだけでなくて，変化を起こすための力も必要になります．苦しい行動パターンとその大元を理解するだけではやはりだめなのです．大抵は，心の深い部分で何らかの質的とでもいえそうな変化があって初めて行動も変わります．

　自分をしっかり律しようとする姿勢についていえば，いくらか助けになる場合もありますが，本当に行動を変えようとするならたいがいそれだけでは足りません．それよりも EMDR を使って行動パターンの大元にある過去の出来事の記憶をしっかり処理するほうがずっと効果的です．EMDR を使うと，これまでのセラピーのように行動パターンとその大元にゆっくりと気づくだけではなくて，もっとずっと実り多い治療になります．まず，わずか数週間で行動パターンまで明らかに変わります．また，もう悪さをしなくなるまで苦しさの大元をしっかり処理しますので，過去の経験から発生していたつらい気持ちや妨げを乗り越えるといったことにエネルギーを消耗しなくなります．すると，その分のエネルギーをもっと建設的な方向に振り向けて，個人としての人生を大きく広げられるようになります．

C. 標準的な治療法または誰にでも効く治療法がある

　そう思い込んでいると，以前に心理療法を受けて効果がほとんどなかった人は，心理療法はどれも助けにならないと感じや

すくなります。なかには，自分を責めて，「私は混乱しきっていて，もうだめだ」などと気に病んでしまう人もいます。でも，それはとても大きな勘違いです。治療法が適切でないと効き目がなくてときにはかえって症状をひどくするかもしれませんが，しっかりした技術のあるセラピストが適切な治療をすると，ごく短い時間で大きな効果を引き出せます。

　研究からも，私自身の治療経験からも言えますが，ひとつの治療法を何年と続けてきてちっとも症状がよくならなかった患者さんでも，治療法を変えると，数週間から数カ月のうちに苦しさが和らぐという希望があります。

　D．時間がかかるセラピーは深いセラピーだと思い込む

　臨床場面をみると，時間がかかっているわりには表面的なセラピーと，短時間でも本質的な結果を生むセラピーとがあります。治療の本質は，どれだけ時間をかけるかではなくて，治療の中で何を扱って患者さんの人生をどれだけよくできるかです。どこまで根本的な取り組みになっているかが問われるといえるでしょう。EMDRは，ときに「スピード精神分析」と呼ばれます。苦しい問題に深く触れるだけでなく，スピード感のある治療で短い時間のうちに記憶を処理して，理解を深めて，患者さんを症状から解放するからです。

　なかにはそれほど好意的ではない視点から「応急セラピー」と呼ぶ人もいます。どうせ治療時間に注目するのなら，私は，むしろこう考えるとよいと思います。応急セラピーは，全く逆にとらえると，明らかな効果をそれだけ素早く引き出せるセラピーです。そう考えると，効果を引き出すまでに時間がかかる

セラピーは，不必要に時間をかけているともいえるでしょう。

E. 1回あたりのセッション料金に気を取られて，治療全体でいくらかかるのか（セッション料金×回数）を見落とす

はじめに宣言しておきます。私は，結果を生まないセラピーは貴重な時間を奪う分だけ，ただでも高いと考えます。でも，ここではひとまずお金の面だけを考えましょう。セラピーが本当にいくらかかるかを知るには，ちょっと計算をしないといけません。ちなみに，2, 3年続くセラピーはめずらしくありません。そこで，1回あたりのセッション料金に，2, 3年分の週数の100〜150をかけると，実際に支払うことになるセラピーの料金が出ます。心理療法にしてはかなり短いとみなされるたった1年のセラピーでさえ，セッション料金×50週です。

素早く効果が表れるEMDRでは，問題が絞られていて具体的なケースでしたら数週間，もっと漠然とした複雑な苦しさを治療しても，長くて数カ月です。それなら，1回あたりのセッション料金が従来の治療よりいくらか高めでも，いや仮にかなり高くても，セラピー全体でみると従来の治療法よりもずっと安いといえるでしょう。

F. セラピー全体のコストに気を取られて，セラピーを受けないと失うもののコストを考えない

苦しい，身動きが取れない，妨げられた感じがするなどの症状を抱えていると，心理的に辛いだけでなくて，経済的な損失も実は大きいといえます。何かが怖い，不安だ，自信がない，

人生の危機に直面したといった症状は，私たちの仕事にもいろんな形で響きます。仕事で十分に力を発揮できないと，次の状況になりかねません：

雇用されている場合：
・解雇される可能性が高くなる。仕事の成果を認めてもらえない，昇進願いを切り出す自信が持てないなどから昇進のチャンスが減る
・新しい仕事を見つける機会が減る
・昇給願いを切り出せない

自営業の場合：
・事業を広げて新しい顧客を獲得する機会や，第一線で活躍する機会を逃す
・利益の上がるプロジェクトを先延ばしし続ける

仕事だけではありません。苦しさ，恐れ，不安，自信のなさ，人生の危機といったものは，プライベートでも感情とお金の面でストレスの原因になります。

たとえば，関係が親密になると距離を上手にとれなくなるといった問題に苦しんでいると，失恋しやすいだけでなく，人生をともにしながら生活費や子育ての費用を出し合うパートナーに出会えないかもしれません。離婚すると，多少時間をかけてセラピーを受けながら二人の関係をよくしようと取り組むよりもずっとコストがかかります。離婚に手こずろうものなら，セラピーを受けながら穏やかに離婚を進めるよりもはるかに高く

つきます。それにもちろん，セラピーを受けて気分がよくなるのなら，嫌な気分を打ち消すために束の間気分が晴れる旅行や買い物といったお金のかかる行動にそれほど頻繁に走らなくてすみます。

G. セラピーの目的を見失う──手段と目的を混乱して，手段だったはずのセラピストとの関係がいつのまにかゴールになっている

　もちろん，セラピストとの関係はよくなければいけません。第一に，セラピストと患者さんの関係は治療の重要な基盤で，それがしっかりして初めてセラピーが実り多いものになります。第二に，よい治療関係は，患者さんが踏ん張ろうとするときの土台になります。苦しくなったら励ましてもらったり助けてもらったりできますし，大きな困難を乗り越えなければいけないときには勇気づけてもらう拠り所になります。第三に，治療関係のコミュニケーションを通して自分自身や自分の人間関係がいろいろとわかってきます。そして，セラピストと対話する中で他に何ができるかをよく調べ，考え，練習して，わかったことを日常生活の場で実践できます。

　でも，うっかりすると，手段とゴール（または目的）を混乱するかもしれません。セラピーにとても長く通う患者さんたちがいます。何年という方たちも現にいて，そんな患者さんたちがときどき話してくれます。別なセラピストとの関係がいかにすばらしいか，その人がいかによく理解してくれて，セラピーがどれほど楽しいか。でも，セラピーに通い始めた理由を思い出して，状況がどれだけよくなったかを一緒に調べてみると，

ほとんどまたは全く前に進んでいないと気がつきます。

　セラピーはあくまでも手段で，ゴール（または目的）ではありません。EMDRのような質の高いセラピーにしても同じです。手段とゴールを混乱しないためには，そもそもなぜセラピーを受けるのかをしっかり理解して，続ける理由も決めておくのが大切です。また，セラピーが実際に効果を表して人生がいろんな場面でいくらかでもよくなっているかをときどき確認するとよいでしょう。

付録C 自分に合った心理療法を選ぼう

あなたは今の状態に満足していないとしましょう。何かを変えたいと思っています。ところが，選択肢が多すぎてどれを選べばよいのかがわかりません。治療法も細かい技法もこんなにたくさんある中から，どうしたら自分に適当な治療法を見分けられるでしょう。

心理療法を選ぼうとするとき，私たちはだいたい次の4つの点で悩みます：

1. **信頼性**——選ぼうとしている治療法が，信頼できて，無意味な「反芻」ではないとどうしたらわかるだろう？ 元はといえば，そうしたまるで反芻のような心理療法があるからこんなに大勢の人たちが心理療法を信用しなくなってしまったのです。
2. **効果**——治療の効果が早く表れるとどうしたらわかるだろう？ 苦しみが長引いて料金だけがかさむなんてことにならないと，どうしたら判断できるだろう？
3. **専門性**——治療してくれるセラピストが専門的なトレーニングを受けているかどうかは，どうしたらわかるだろう？ 腕の確かなセラピストにめぐり会えたかどうか，どう見分けられるだろう？
4. **結果**——治療が本当に効果を表していて時間とお金と労力を無駄にしているだけではないと，どうしたらなるべ

く早くわかるだろう？

　後悔しないためには，たくさん研究されて，信頼性と専門性が高く，苦しさを和らげて人生をよくしてくれたと実感できるセラピー（セラピスト）を選ばなければいけません。もちろん，効果がはっきりとした形で示せて，素早く表れる点も忘れてはいけません。

　治療法を選ぶときに参考になる項目を書き出しましたので，使ってみてください。括弧内に，EMDRについて答えを記入しておきます。

信頼性
1. 治療法の効果を科学的に裏づけるしっかりとした研究がたくさんあるだろうか？（はい）[注1]
2. 治療法の効果を認める国際的な治療機関があるか？（はい）[注2]

効　果
3. 他の治療法と比較してその方法のほうが効果的だと示す研究があるか？（はい）[注3]
4. セッションを数回受けるだけではっきりとした効果を実感しはじめるか？　特にゴールが絞られていて具体的なケースなら，もっと短時間で，治療全体を数回のセッション以内に終えられるか？（はい）

専門性
5. 実践しているセラピストたちは，その治療法を専門にしているか？　十分なトレーニングを受けているか？（セラピストに直接確認しましょう——付録Dに判断のための基準を詳しく書きましたので参考にしてください）
6. セラピストは臨床でも理論の面でもいつでも最先端の知識を身につけておけるように，日ごろからトレーニングや研修を続けているか？（セラピストに直接確認しましょう——付録Dを参照）
7. セラピストは複雑なケースを治療した経験があって，必要となれば難しい状況でも扱えるか？（セラピストに直接確認しましょう——付録Dを参照）

測　定
8. 治療の効果を知る方法があるか？　よくなっているかどうかをセッションの場でも日常生活の場でもときどき測定できる尺度があるか？（はい）

どのように苦しさに対処するか
9. 道具を提供するか？　問題から逃げずに向き合うのを助けるか？　本当の問題が何かを突きとめるか？　問題の大元を取り除くか？（苦しい状況を変えて人生をよくしようとする場合，気づくだけでは足りません。道具はとても役に立つかもしれませんが，限界があります。EMDRでは問題の大元を解消するので，ひとたび症状が消えたら，もう治療しなくてよくなります）

10. セラピーの場を離れても「宿題」や課題をこなさなければいけないか？（いいえ）

注1) EMDRの効果を実証する研究はたくさんあります。そのうちのごく一部ですが，以下のURLからリンクをたどったページにあります。http://www.emdrhap.org/emdr_info/researchandresources.php#trials
注2) 以下を含むたくさんの治療機関があります。アメリカ心理学会，アメリカ精神医学会，米国退役軍人省（ベトナム帰還兵対象），イギリス健康省など。EMDRの効果を認めている主な治療機関のリストが，以下のURLからリンクをたどったページにあります。http://www.emdrhap.org/emdr_info/researchandresources.php#treatment
注3) 心理療法を比較する研究のリストが以下のURLからリンクをたどったページにあります。EMDRと他の治療法を比較して，EMDRのほうがより少ないセッション数で，苦しさがより和らいで，治療を途中でやめてしまう患者さんの率も少なかったと示す研究も含まれます。http://www.emdrhap.org/emdr_info/researchandresouces.php#trials

付録D　こんなEMDRセラピストを選ぼう

EMDRを使いこなすには，総合的なスキルが必要です。「両側性刺激」や「眼球運動」だけをEMDRと考えるのは，従来の心理療法は唇の動き方に基づくというようなものです。

ある患者さんが以前に話してくれました。何年も前ですが，精神科医のセルヴァン・シュレベール博士（私がEMDRと出会うきっかけになった本の著者）がテレビ番組でEMDRを紹介しているのを見たそうです。説明していた方法を使って，トラウマに苦しんでいたガールフレンドを家で助けようとしたところ，苦しさがひどくなって，彼女は自殺しようとまでしてしまいました。EMDRは，力強い治療法です。それだけに，しっかりトレーニングを受けたセラピストでなければ使いこなせないとはっきりいえるのです。

EMDRを使った治療では，セラピストが経験を積んでいるかどうかで，治療時間と内容が天と地ほど違ってきます。EMDRを試したけど効果がなかったという患者さんが私のところにも来ますが，以前にうまくいかなかったのはこうした理由からです。

特定の記憶を扱う場面だけを切り出して眺めるとEMDRの手順はしっかり決まっていて迷う余地はそれほどないように見えますが，全体の流れを決める治療計画を立てるにはノウハウとスキルと経験が必要になります。セラピーの途中で流れが止まってしまったときに上手に働きかけるにも，やはりスキルが

必要です。EMDRセラピストの役割は，記憶が実際にしっかり最後まで処理されるようにすることです。だから，セラピストは，セラピー全体を調整できなければいけませんし，感覚・認知・感情・身体感覚の4つの連想のチャンネルがどれもきちんと処理されたのを確認しなければいけませんし，苦しさが残ってしまったときには何がうまくいかなかったかを知っていて患者さんを助けることができなくてはいけません。

EMDRを使うためのトレーニングには，レベルがあります。レベル1を終えただけでも治療はできますが，完全な治療計画を立てられるようになるのはレベル2を受けてからです。治療計画は，それ次第でセラピーが素早く効果的になるかそうでないかが変わってくる大切な要素です。

残念ながら，レベル2も含めてそれ以上のトレーニングを受けたセラピストは今のところ少ないというしかありません。それでも，レベル1だけではEMDRを使いこなすにはまだまだ不十分ですので，ぜひ，レベル2以上のトレーニングを受けたセラピストを探してください。

以下の条件で探すとよいでしょう：

1. EMDRを使えるセラピストとして正式に認定されているまたは，
2. EMDRトレーニングのレベル2を終えていて，日ごろからEMDRのスーパービジョンを受けている

私は，EMDRを使うクリニックの全国ネットワークの管理者として，ネットワークに所属するクリニックで治療を実践す

るセラピストを採用する立場にいます。これまでに数百人のセラピストに面接をして，話を聞いてきました。残念ながら，大勢のセラピストが，レベル1のトレーニングを受けたところまでで止まっているか（EMDRを実際にはほとんど使っていない場合さえあります），指導力のあるセラピストにEMDRの実践を見てもらうスーパービジョンを受けるのをやめてしまって，EMDRを厳密にどのように行うかを古い記憶に頼っています。そうしたセラピストの場合，EMDRに特に情熱があるわけではなくて，たまたまどこかで見かけたくらいの熱心さがほとんどです。

EMDRセラピストを探すときには，以下の点で妥協しないでください。この本でご紹介しているような見事な結果になるか，時間ばかりがかかってあまり効果のない結果になるかの分かれ目です！

セラピストに聞いてみましょう：
1. EMDRのトレーニングをどのレベルまで受けたか？　レベル2かもっと上まで受けたセラピストを探しましょう。
2. EMDRを，ただ単に技法のひとつとして使うのではなくて，全体の見通しをもって進める心理療法として使えるか？　実際に使っているか？　EMDRを実際に心理療法として使っているセラピストを探しましょう。
3. 他の心理療法と併用しないで，EMDRセラピーだけで治療ができるか？　実際にしているか？　EMDRセラピーだけで治療できるセラピストを探しましょう。
4. EMDRを使ったセラピーを，1ヵ月あたり何時間実践し

ているか？ 10時間以上実践しているセラピストを探しましょう。
5. 基本的なトレーニングを終えてから，EMDRのスーパービジョンを何セッション受けたか？ この1年以内に少なくとも10セッションは受けているセラピストを探しましょう。

EMDRは全体的な治療計画を立てた上でそれに沿って進める心理療法です。ただ単にひとつの技法ではありません。EMDRを技法のひとつとしか考えないセラピストは，苦しい症状を解消できる道筋のほとんどを見逃すでしょう。また，ただ単に技法のひとつとは考えていなくても，EMDRを使って治療できる症状の範囲がどんどん広がる昨今の状況についていけなくて，EMDRのスキルを日ごろから磨いておこうとしないセラピストでは，決して，あなたにとってのベストな治療はできません。

付録E 万一の救急事態になってしまったら

緊急事態のときに身体では何が起きているか

・私たちの身体には，健康で快適な状態に戻ろうとする仕組みがいくつもあります。どこかを切ったり骨折したりすると，時間が経てば傷の状態が変わって，やがて自然に治ります。心が傷ついても同じで，脳が傷を癒そうとします。なるべく早く記憶を処理しようとして，目が覚めているときはもちろん，寝ているときでさえ夢を通じて働きます。

・しかし，辛い経験を受け止めきれないときもあります。状況や出来事が強烈すぎた，私たちの側が過労や病気で弱っていたとか若くてなすすべがなかったなどの事情で十分強くなかった，などの場合です。状況を受け止めきれないと，脳が手一杯になって，出来事の記憶をタイムリーに処理しきれなくなります。

・タイムリーに処理できなかった出来事の記憶は，そのときにあった考え，気持ち，身体の中の感覚，情景，音，匂いなどと一緒に，生の状態のまま他の記憶からは切り離されて，あたかもカプセルに収まるようにして貯蔵されます。

・時間が経って，何かのきっかけでカプセルの中身に外側から刺激が加わると，出来事の記憶が連想されて，生の

まま貯蔵されていた当時の感覚を再体験することになります。つまり，過去の苦しい感情や気持ちが現在の状況からすると不釣り合いに見えるほど強くよみがえってきて，言ってみれば過去を現在の中で「生き直す」状態になります。
・過去の記憶が生々しくよみがえると，次の気持ちをいくつか同時に感じるかもしれません：
　　◇イライラしやすい
　　◇普段よりも悲しい，ささいな刺激で気持ちがゆれる
　　◇落ちつかない（心または身体が）
　　◇不安を感じやすくなる（前は平気だった何かを避けたくなる）
・フラッシュバックがあるかもしれません。過去の記憶の一部（景色，匂い，感覚など）が，夢の中や目が覚めているときにも急に生々しくよみがえる場合があります。

うれしくないお知らせを少々（ご心配なく，後からうれしいお知らせもあります！）：

・未処理になった出来事の記憶は，脳で生の状態のまま貯蔵されます。出来事の前後にしっかり処理された記憶があっても，それからは切り離されています。ですので，受け止めきれなかった出来事の経験を打ち消したり変えたりするはずの経験を後からしても，恐ろしかったときの感覚や印象は修正されないで，記憶の内容は生のままになります。
・PTSDの例を見るとわかります。戦争神経症と呼ばれる

PTSDの症状に苦しむ患者さんにとってはドアがバタンと閉まる音が銃声に聞こえて，そこから戦場の記憶が連想されて，恐ろしかったときの感覚があざやかによみがえります。患者さんは，戦場を離れてから日常生活もかなり経験して，全般的な記憶のネットワークもどんどん膨らんでいます。戦争が終わってからもう何年も経っていると頭では完全にわかっています。それでも，脳では記憶が生の状態で貯蔵されているので，大きな音で記憶が刺激された途端に，まるで出来事の当時に引き戻されるかのように生々しい感覚を再体験し始めるのです。

・記憶が未処理になっていると，危険が差し迫って感じられます。頭では安全だとわかっていて，恐怖の強さが現在の状況にそぐわないとよくわかっていても，自分自身や愛する人たちの身が本当に危ないと感じられます。

神話にご用心

・「危険は去ったのでもう大丈夫，苦しい気持ちも消えます，と伝えるだけで十分だ」──差し迫る危険の感覚には，知識や理屈では働きかけられません。たとえば戦争のPTSDに苦しむ患者さんは，戦争がとうに終わっていると頭ではわかっていても，何かのきっかけで記憶が刺激されるたびに，戦場で見た光景や危険の兆しが生々しくよみがえります。これは，知識と理屈が全般的な記憶のネットワークの守備範囲なのに対して，戦場の記憶は，生の状態のまま全く別に保管されているためです。2つの記憶は，お互いにつながり合わないのです。

- 「時間が解決してくれる」——生の状態で保管された記憶の内容は，時間とは無縁です。出来事が起きたときに最後までしっかり処理されないと，記憶の内容は，何年経ってもまるで初めて経験しているかのように，またはつい昨日の出来事のように生々しく経験され続けます。
- 「トラウマ的な経験も，人生経験となって私たちを強くしてくれる」——必ずしもそうとはかぎりません。トラウマ的な経験の記憶が生の状態になっていると，何かのきっかけで記憶が刺激されるたびに苦しい感覚がよみがえって，プラスに作用するよりも，むしろ私たちから力を奪うといえるでしょう。また，苦しさを生み出した最初の記憶を思い出すたびに，心理的な傷をますます深くするだけになります。

お待たせしました，ではよいニュースです……

予防と応急手当

運悪くとても苦しい経験をしてしまっても，応急手当ができます。記憶がしっかり最後まで処理されるのを助けて，生の状態で「カプセル」に保存されにくくしましょう。

- まず，危険が去ったから警戒態勢を解いてもよいと，身体に知らせましょう。食事と睡眠をいつもの習慣に戻して，スポーツやその他の身体を使った活動も普段通りにします。逆にそうしないと，身体はまだ緊急事態だと思い込んでしまいます。身体が緊張して危険がないかどう

かをたえず警戒している状態では，緊急時用システムにエネルギーを奪われて，記憶を最後までしっかり処理するための資源が足りなくなるかもしれません。
・不安を高める作用のある飲み物や食べ物を控えましょう。ニコチン，カフェインの類で，具体的にはコーヒー，お茶類，コカコーラといったカフェイン入りのソフトドリンク，アルコール，薬物などです。
・経験を忘れようとしたり考えないようにしたりしないで，助けてくれる人や機関を探しましょう。
・状況をよく見て，無闇に自分を責めないでください。自分を責めると，不安が強くなりますし，苦しさを乗り越えようとするときの力が落ちてしまいます。

治　療

・ここ数年の科学の進歩は目覚ましくて，トラウマ治療の分野でも革新的といえる治療法が開発されています。もう，以前のようにただ話を聞いてもらって，気づきを深めて，道具を提供してもらうだけで満足しなくてもよくなりました。過去に未処理になって生の状態で悪さをし続けている記憶を見つけたら，治療の中で再処理できます。EMDR を使って驚くほど短い時間で苦しさを和らげられるようになったのです。
・EMDR は，トラウマに関連した問題を治療するために開発された治療法で，トラウマ的な記憶をたった1つからでも処理できます。だいたい4，5時間治療をすると8割のケースで記憶に苦しまなくなります。

- トラウマ的な出来事がたくさんあって苦しい記憶が塊になっている場合は，しっかり方針を立てて，それに沿って次々と記憶を処理していきます。一般には古い記憶から現在に向かって時系列にたどります。
- EMDRの治療効果は，セラピーを数時間受けると実感し始めます。セラピーは，数時間連続して一気に受けてもかまいませんし，何日かに分けて受けてもかまいません[訳注]。
- 出来事の記憶を最後まで処理すると，記憶の内容が生のまま活性化されなくなって，ありありとした感覚が伴わなくなります。テロ，自然災害，事故，誰かの負傷や死を目撃したといった過酷な出来事でも，記憶が生々しくなくなります。
- 愛する人や子どもに先立たれるのはとても個人的な経験で，乗り越えて記憶をしっかり処理するのも大変です。それでも，EMDRを使うと，辛さをかなり和らげられるとわかっています。

訳注）日本において，数時間連続して一気に受ける方法は，あまり一般的ではないと思います。

付録F あなたが今受けている セラピーは効果があるか？

　治療を受けると決めて，セラピストも見つけました。実際にセラピーを受け始めてから少し時間も経って，ひょっとすると数カ月くらい過ぎてセッションも何回かこなしたかもしれません。ふと疑問が湧きます——今のセラピーがいくらかでも効果を表しているのかどうかは，どうしたらわかるだろう？

　それを判断するときの参考になる基準を，いくつかご紹介しましょう。セッションの場と，それ以外の日常生活の場で分けて並べてみます。

セッションの場で：
・セラピストの力や知識があなたの役に立っていて信頼できる
・セラピストがあなたを理解してくれて共感的
・何でも話せる雰囲気があって安心できる
・セラピーの途中で意見が合わなかったり，相手を傷つける発言さえ出たりしても，お互いに悪意があるわけではないのがわかるし，そのこと自体もセラピーの中で向き合って取り組めそうな雰囲気がある

日常生活の場で：
もともとなぜセラピーを受けようと思ったかで判断の基準が

変わってくるでしょう。

　以下の症状が弱くなっている，または消えつつある：癇癪／悪夢／劣等感／不安。または，以下が強くなっている：
- 希望
- 自尊心――自分を信頼して，私なら大丈夫，私には力があると思う気持ち
- 自分と周りの環境がよくわかる感じ，つまり理解
- 日々の暮らしの中でそれを使って人生をよりよくしていける考え方や信念など，いわゆる道具
- 仕事，人間関係，家族との関係，生きがいなどのさまざまな面での生きやすさ
- 世界を楽しいところと感じて楽観的に眺める人生観や世界観

　今受けている治療に効果があるのかどうかが心配になったら，元々なぜ治療を受けようと思ったかを思い返してみましょう。きっかけとなった症状や理由にいくらかでも好ましい変化が表れているでしょうか。ただし，判断するときの基準は間違えないでください。一般に引っかかりやすい落とし穴をご紹介しておきましょう：
- セラピストといくらよい人間関係が築けても，それと治療効果とは別です。先ほどもお伝えしましたが，セラピストとの人間関係は治療のために必要ですが，治療の目的ではありません。セラピーを受ける空間が信頼できて，心地よくて，安心できるのは治療がうまくいく上で大切ですが，それに気を取られてゴールがずれてはいけませ

ん。目指しているのは，セラピーの場ではなく，日常生活で苦しさや症状が和らぐことです。
・気づきがいくら深まっても，それも治療効果とは別です。苦しさや問題行動の大元を自分自身でよく理解するのは，第一歩にすぎません。普通は，気づくだけでは何も変わりません。人生を変え始めるには，変えるための力を身につけなければいけませんが，次の2つのプロセスを通じて培っていきます。

 1. 縛りになっているものを取りのぞく。つまり，悩まされ続けていて，現在の行動にまで好ましくない影響を及ぼしているトラウマ的な出来事の記憶から自由になります。こうした記憶の苦しさを和らげるベストな方法は，私が知る範囲ではEMDRを使った治療法です。
 2. 新しい技法や勇気を身につけて，経験の数を増やして幅をどんどん広げていく。新しい道具を身につけると，違った角度から考え，状況をよく分析し，感情を上手に処理し，気持ちに振り回されないで対応できるようになるでしょう。

付録G　よくある肯定的な信念と否定的な信念

否定的な信念	肯定的な信念
私は不十分だ	今の私のままで十分だ
私はそれほど賢くない	私は賢い
私にはちっとも価値がない	私には価値がある
私は敗者だ	私は勝者だ
私はかわいげがない	私はみんなから愛される
私は絶望的でどうしたらいいのかがわからない	私はもっとよくなれる
私はバカだ	私には知恵がある
私はいてもいなくても変わらない人間だ	私は重要な人間だ
私はどこかがおかしい	私は健康で，心が穏やかで，自分で物事をなんとかできる
私は醜くて嫌われている	私はきれいで，魅力的で，今のままで大丈夫だ
それは私のせい，私が悪い	私は悪くない，たとえ悪くても自分を許せる
私は別な方法にすればよかった	私はできるだけのことをした
私は悪い人間だ	私は善良な人間だ
自分が恥ずかしい	自分を大切にしているし，周りからも大切にされて当然
私には悪いことが起きて当然	私は幸運に恵まれて当然

否定的な信念	肯定的な信念
私はよい判断ができるかどうか自信がない	私の判断は大丈夫
私はどこかがおかしくて,周りをがっかりさせている	私は今のままで大丈夫
私は死んで当然	私は生きていて当然
私はみじめで当然	私は幸せで当然
私は絶対に変われない	私は過去から学んでもっとよく変わっていける
この世界は根本的に悪だ	この世界は根本的に善い／善くも悪くもない
私は根本的に短所だらけの人間だ	私には長所もあれば短所もある
私の将来は真っ暗だ	私の将来は明るいし,働きかけて変えていける
私には危険が迫っている,安全じゃないと感じる	私への危険は去った,もう安全で守られている
私は壊れやすく,傷つきやすく,粉々になるかもしれない	私は丈夫で強い
私は死ぬかもしれない	私は過去を生きぬいた
生きる意味がない	生きる意味を見つけられる
私には耐えられない,どうしようもない	私はなんとかできる
私はコントロールできない	私はコントロールできている,なんとかできる
私にはなすすべがない	私には打つ手がある
私は弱い	私は強い
自分で自分の面倒がみられない	自分のことは自分でなんとかできる
私は完璧でなければならない,周りを失望させてはいけない	私はありのままの私で大丈夫

おわりに

　あなたがEMDRを経験されたのでしたら，それがどれほど短い時間で人生をよい方向へ変えるかをもう実感されていらっしゃるのではないでしょうか。

　ぜひ，EMDRを世界に広げる大きな波の一部になってください。辺りを見回してみましょう。避けられる苦しみや，発揮できていない力がなんと多いことでしょう。EMDRの助けを得ると人生がどのように広がるかを，もっとたくさんの人たちに伝えましょう。

　あなたとEMDRの物語を聞かせていただけましたら幸いです。私個人のeメール（tal@emdrexperts.com）宛てにぜひ送ってください。もちろん個人的な情報はぼかしていただいてかまいません。

　世界中の皆さんからお送りいただいた物語の中から抜粋して，将来出版する私の本も含めてさまざまなところで紹介したいと思います。実際に経験された皆さんの声で，EMDRを世界に広げましょう！

タル・クロイトル

訳者あとがき

　ある日，イスラエル人の心理臨床家からメールが届いた。自分の本の売り込みだ。「日本語に訳す気はないか？　いろんな国で出ているぞ」。私は，いくつも翻訳すべき本を抱えていたので，全く興味がなかった。しばらく，放っておくと，見本の本が5冊も大学の研究室に届けられた。なかなか強引な売り込み方だなあと，若干辟易しながら，周囲の仲間に翻訳する気がないか聞きながら，星和書店さんにも打診してみた。星和書店さんは結構乗り気で，原著者 Tal Croitoru 先生と連絡を取ると，彼女は熱心に売り込み，利益を度外視した大きな使命感を語った。「あくまで，EMDR を世に広めるために出版したい。出版して，もし利益が出なければ自分の取り分は要らない」というのだ。EMDR がそれほど魅力のある方法であることは私も疑いはないのだが，合理的な欧米の人にこんな発想の人がいることが驚きだった（合理的だから出てくる発想かも知れないが……）。しかし，EMDR コミュニティの中には，こんな人がいてもおかしくはない。EMDR コミュニティには，寛大さと，進取や奉仕の精神と，希望があふれている。それくらい，EMDR は可能性に満ちている。EMDR はひとつの心理療法であるが，その可能性の大きさに気づくと，それは，まさに革命なのだと思う。本の原題はまさしく，『EMDR Revolution』だ。EMDR が広まることは，心理療法の可能性を広げ，それはひいては人間の可能性を広げる。人と記憶，人と過去との関

わりが変わり，ヒトの歴史が変わり得るのだと思う。私は自分の臨床の中で，何人もの人が自分の人生を取り戻す様を目撃してきた。彼女の大志は私の大志とも重なった。あの強引な売り込みを今はとてもありがたく感じている。

　EMDRの本は何冊も出版されているが，専門家を対象とするものが多かった。一般向けもあるのだが，やや高価なので，クライエントさんには敷居が高かった。本書はまさにクライエントさんに気軽に手にとって読んで欲しい本である。EMDRの可能性について伝え，クライエントさんと臨床家，治療者をつなぐことが目的であり，それを十分達成してくれるだろう。

　本書に書かれている話はイスラエルでの話ではあるが，今日本でもEMDRの治療は広まりつつある。日本EMDR学会が設立され，2015年5月に第10回の学術大会を開催した。精神科医や臨床心理士などの専門家からなる学会員数は1,100名を数えている。ホームページ（www.emdr.jp）も充実しており，全国の治療者リストも用意されており，本書に示されたような治療を受けられる態勢は整っていると言えるだろう。

　ようこそ，EMDRの世界へ。

2015年9月8日
日本EMDR学会理事長
兵庫教育大学教授
市井雅哉

著者略歴

タル・クロイトル

　教育学学士，臨床社会福祉学修士，経営学修士，社会福祉学の博士課程在籍。

　ここ数年は，個人開業の心理療法士およびEMDR資格取得コンサルタントとして活動する一方で，イスラエル国内のEMDRクリニックのネットワークを運営し，2007年からはハイファ大学社会福祉学部で教鞭をとる。

　EMDRを使うと数百万の人たちの人生をかなり短期間によい方向へ変えられると気づいてからは，EMDRを世界に広げることをライフワークにする。精力的に講演活動をし，情報提供する商品を開発し，EMDRの研修を積んだ専門家のネットワークを呼びかけて，本を執筆している。

eメール：tal@emdrexperts.com

訳者略歴

市井雅哉（いちい まさや）

滋賀県生まれ。1992～93年　ロータリー財団奨学金を得て，テンプル大学留学。1994年　早稲田大学大学院文学研究科博士後期課程満期退学。早稲田大学人間科学部，琉球大学教育学部を経て，2004年　兵庫教育大学大学院　発達心理臨床研究センタートラウマ回復支援研究分野　教授。

社会的活動：日本EMDR学会理事長，EMDRIA（EMDR国際協会）編集理事。日本行動療法学会理事，日本心理臨床学会理事。

EMDRに関して：

 1995年　阪神淡路大震災後神戸でEMD使用
 1995年　EMDR　part 1修了
 1996年　part 2修了
 1997年　EMDR研究所　ファシリテーター
 1998年　EMDRIA認定　トレーナー
 2005年　EMDR研究所　トレーナー
 2005年　インド洋津波被害者への支援
 2011年　東日本震災後宮城県での支援活動

著書など：『図説 臨床心理学特別講義――認知行動療法，EMDRでストレスとトラウマに対処する』（著　岩崎学術出版社，2015），『こわかったあの日にバイバイ！：トラウマとEMDRのことがわかる本』（監訳　東京書籍，2012），『スモール・ワンダー――EMDRによる子どものトラウマ治療』（監訳　二瓶社，2010），『こころのりんしょうà・la・carte（Vol.27 No.2）＜特集＞EMDR……トラウマ治療の新常識』（編著　星和書店，2008），『トラウマからの解放：EMDR』（監訳　二瓶社，2006），『EMDR――外傷記憶を処理する心理療法』（監訳　二瓶社，2004），『こころのりんしょうà・la・carte（Vol.18 No.1）＜特集＞EMDR……これは奇跡だろうか？』（編著　星和書店，1999）など

```
日本 EMDR 学会事務局
〒 673-1494 兵庫県加東市下久米 942-1
兵庫教育大学 発達心理臨床研究センター
TEL&FAX：0795-44-2278（研究室）
E-mail：info@emdr.jp
URL: https://www.emdr.jp/
```

EMDR 革命：脳を刺激しトラウマを癒す奇跡の心理療法
―生きづらさや心身の苦悩からの解放―

2015 年 12 月 11 日　初版第 1 刷発行

著　　者　タル・クロイトル
訳　　者　市井雅哉
発 行 者　石澤雄司
発 行 所　株式会社 **星 和 書 店**
　　　　　〒 168-0074　東京都杉並区上高井戸 1-2-5
　　　　　電話　03（3329）0031（営業部）／ 03（3329）0033（編集部）
　　　　　FAX　03（5374）7186（営業部）／ 03（5374）7185（編集部）
　　　　　http://www.seiwa-pb.co.jp

Ⓒ 2015　星和書店　　Printed in Japan　　ISBN978-4-7911-0922-7

・本書に掲載する著作物の複製権・翻訳権・上映権・譲渡権・公衆送信権（送信可能化権を含む）は㈱星和書店が保有します。
・JCOPY 〈(社)出版者著作権管理機構 委託出版物〉
本書の無断複写は著作権法上での例外を除き禁じられています。複写される場合は、そのつど事前に(社)出版者著作権管理機構（電話 03-3513-6969,
FAX 03-3513-6979, e-mail：info@jcopy.or.jp）の許諾を得てください。

季刊 こころの臨床 à・la・carte
第18巻1号（改訂版）

〈特集〉

EMDR…
これは奇跡だろうか

［編］市井雅哉、熊野宏昭

B5判　2,000円

EMDRはいまたいへん注目されている治療法である。リズミカルな眼球運動によってクライアントに想起された外傷体験は、脱感作、再処理と導かれ、奇跡のようにクライアントは癒されていく。本特集では、多くの症例呈示によって、EMDRの治療過程をあますところなく紹介する。

〈主な目次〉特集にあたって―EMDR（眼球運動による脱感作と再処理法）について―／EMDRの誕生と発展／ポストモダン時代の精神療法―EMDR施行中の脳波と身体感覚が示唆するもの―／EMDRを学んで―阪神・淡路大震災被災地での精神科医の経験―／交通事故被害とEMDR／子供の不適応事例に対するEMDR活用の治療的枠組み／家庭内暴力（情緒的虐待）を受けていた女性のエンパワメント／性的被害に対するEMDRの適用／EMDRを用いた怒りの処理／入院中の拒食症の子どもへのEMDR応用の試み／子ども時代の虐待の記憶をEMDRで扱う―記念日現象が明らかとなった季節性うつ病の一例―／児童虐待を受けた摂食障害女性のEMDR／パニック障害の統合的治療におけるEMDRの位置づけ／解離性障害に対するEMDRの使用

発行：星和書店　http://www.seiwa-pb.co.jp　価格は本体（税別）です

季刊 こころのりんしょう à・la・carte
第27巻2号

〈特集〉

EMDR…
トラウマ治療の新常識

[編] 市井雅哉
B5判　1,600円

本誌でEMDR（眼球運動による脱感作と再処理法）を、「これは奇跡だろうか！」と紹介してから10年。今やPTSDのみならず、ボーダーラインや発達障害の領域でもめざましい治療効果を発揮し、心理療法のあり方そのものをダイナミックに変革しようとしています。本特集ではさまざまな疑問に答える50のQ&Aや座談会など多方面から、「奇跡を確実に、安全に起こす治療法」として、再びEMDRの魅力と可能性に迫ります。

〈主な目次〉特集にあたって／EMDR Q&A集／〈座談会〉EMDR ―これまでの実績とさらなる可能性―／EMDR による複雑性悲嘆への援助／外傷的死別体験への支援／性被害を受けた青年期女性への EMDR を用いた援助／EMDR と自我状態療法の重度の解離を伴う複雑性 PTSD（DESNOS）症例への適用／精神科病院での EMDR ―犯罪被害者と解離性同一性障害の治療について―／恐怖症への EMDR の適用―エクスポージャー法との併用について／EMDR と催眠の併用と統合的使用／子ども虐待への EMDR による治療／災害被災者への支援／ほか

発行：星和書店　http://www.seiwa-pb.co.jp　価格は本体（税別）です

EMDR症例集

[編] 崎尾英子

A5判　240p　3,300円

EMDR（眼球運動による脱感作と再処理）は、わが国でも何回もトレーニングがなされ、心の傷への治療有効性がますます認められるように至っている。本症例集では、現在、各々の専門分野で活躍中の精神科医、臨床心理士、精神保健福祉士らによるEMDRの試みを、元国立小児病院でのケースを中心に詳しく紹介する。

〈主な目次〉トラウマとその文脈としての家族／臨床家を育てるためのスーパービジョンへの応用―安全感を高める意識的呼吸法の利用―／「社会的引きこもり」症例への治療的アプローチ―EMDRの可能性―／対人恐怖症へのEMDR治療の試み／重病患者を抱える家族を扱った症例／子どもへの援助と親のトラウマの整理について／強迫性障害の治療におけるEMDR／気持ちを語ることを援助する方法としてEMDRを施行した不登校事例2例／子どもを虐待する母親のPTSDに対するEMDRの活用／「ほんとうのことを言うと関係が壊れてしまうのではないか」と恐れる女性のEMDR―母親面接に導入した1例―／小児慢性疾患の治療過程でのトラウマへのEMDR治療／EMDRが心の医療現場でもつ意義／EMDRの訓練システム

発行：星和書店　http://www.seiwa-pb.co.jp　価格は本体(税別)です

マインドフルネスにもとづくトラウマセラピー

トラウマと身体

センサリーモーター・サイコセラピー（SP）の
理論と実践

〔著〕パット・オグデン 他　〔監訳〕太田茂行
A5判　528p　5,600円

心身の相関を重視し、身体感覚や身体の動きにはたらきかけるマインドフルネスを活用した最新のトラウマセラピーの理論的基礎から、臨床の技法まで、事例も盛り込みながら包括的に描きだす。

トラウマからの回復

ブレインジムの「動き」がもたらすリカバリー

〔著〕スベトラーナ・マスコトーバ 他
〔監訳〕五十嵐善雄 他
四六判　180p　1,500円

著者マスコトーバは、悲惨な列車事故に遭遇した子どもたちに、ブレインジムを応用してトラウマ治療を行った。ブレインジムの動きが回復へと働きかける驚くべき証拠があざやかに記述されている。

発行：星和書店　http://www.seiwa-pb.co.jp　価格は本体（税別）です

PTSDの
持続エクスポージャー療法

トラウマ体験の情動処理のために

〔著〕エドナ・B・フォア他　〔監訳〕金 吉晴、小西聖子

A5判　212p　3,400円

日本のPTSD治療にも大きな影響を与える、持続エクスポージャー療法（PE）。現在、エビデンスのあるPTSDの治療法の中で最良とされるPEの解説と治療原理を、具体例の提示とともにわかりやすく紹介。

PTSDの
持続エクスポージャー療法
ワークブック

トラウマ体験からあなたの人生を取り戻すために

〔著〕バーバラ・O・ロスバウム、エドナ・B・フォア他
〔監訳〕小西聖子、金 吉晴

A5判　128p　1,300円

本書は、PTSD治療法の中で最良とされているPEを実際の治療場面で用いる際の必携ワークブックである。前著『PTSDの持続エクスポージャー療法』を患者さん向けに書き改めたものである。

発行：星和書店　http://www.seiwa-pb.co.jp　価格は本体（税別）です

青年期PTSDの
持続エクスポージャー療法
―治療者マニュアル―

〔著〕エドナ・B・フォア他　〔訳〕金 吉晴 他
A5判　288p　3,500円

持続エクスポージャー療法(PE)は、PTSD治療法の中でも効果が高いことで知られる。青年期ならではの成長過程の困難にも注意しつつ、10代のPTSD患者にPEを用いる際の必読治療マニュアル。

青年期PTSDの
持続エクスポージャー療法
―10代のためのワークブック―

〔著〕ケリー・R・クレストマン、エドナ・B・フォア他
〔訳〕金 吉晴 他
B5判　132p　1,500円

持続エクスポージャー療法(PE)は、エビデンスのあるPTSD治療の中で最良とされる。本書は治療者用マニュアル(別売)とともに、思春期・青年期の患者にPEを用いる際の必須ワークブックである。

発行：星和書店　http://www.seiwa-pb.co.jp　価格は本体(税別)です

構造的解離：慢性外傷の理解と治療
上巻（基本概念編）

〔著〕オノ・ヴァンデアハート 他　〔監訳〕野間俊一、岡野憲一郎
A5判　260p　3,500円

もう独りにしないで：
解離を背景にもつ精神科医の
摂食障害からの回復

〔著〕まさきまほこ　四六判　216p　1,800円

生き残るということ：
えひめ丸沈没事故とトラウマケア

〔編著〕前田正治、加藤寛
四六判　300p　2,500円

災害精神医学

〔編著〕フレデリック・J・スタッダード Jr. 他
〔監訳〕富田博秋、高橋祥友、丹羽真一
A5判　528p　4,800円

発行：星和書店　http://www.seiwa-pb.co.jp　価格は本体（税別）です